처음 읽는
맛의 세계사

SHITTE OKITAI「AJI」NO SEKAISHI

© Masakatsu MIYAZAKI 2008
First published in Japan in 2008 by KADOKAWA CORPORATION, Tokyo.
Korean translation rights arranged with KADOKAWA CORPORATION, Tokyo
through ENTERS KOREA CO., LTD.

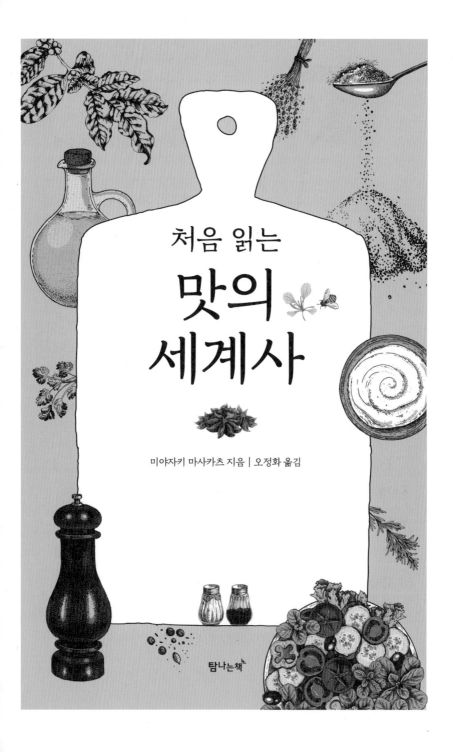

처음 읽는
맛의
세계사

미야자키 마사카츠 지음 | 오정화 옮김

탐나는책

감각으로 변화하는 센서

최근 특이한 인연으로 소믈리에, 바리스타, 색채 치료사, 향기 치료사 등 색과 향, 맛과 관련된 직업을 가진 사람들과 이야기를 나눌 기회가 있었다. 그들은 미각, 시각, 후각 등 인간의 오감과 깊은 관계를 맺고 감성으로 대결하는 사람들이다. 그들의 이야기를 듣고 난 후, 새삼스럽게 생활과 관계된 감각을 갈고 닦는 것이 중요하다는 것을 통감했다. 인간은 물건을 모으는 것만으로 행복해질 수 없으며, 삶과 생활의 풍미를 깊게 하는 것은 결국 감각인 것 같다는 생각을 했다.

이런 관점에서 세계사를 살펴보고 나서야 깨달았다. 인류가 품어 온 문화는 변화에 변화를 거듭한 끝에 우리의 주위에서 살아 숨 쉬고 있으며, 문화의 변화는 감각과 감성이 매개가 된다. 감각은 원래 미각, 시각, 청각, 후각, 촉각이라는 센서로서의 오감에 뿌리를 둔다. 오감이 음악, 예술 등의 기초가 된다는 이야기가 많은데, 그렇게 되기 위해서는 생리적 센서가 문화적 감각으로 다시 태어나야 할 필요가 있다. 오감은 일상생활을 뒷받침하는 토대이자, 사회를 바꾸는 원동력이기도 하다.

원래 오감은 생명 유지를 위한 센서였으나 환경의 변화와 함께 그 기능을 바꾸었다. 예를 들어 숲에서 생활하는 수렵민은 숲의 희미한 흔들림을 식별하고 이해하는 눈과 귀를 가지고 있으며, 초원의 유목민도 100m가 넘는 거리의 사소한 움직임을 놓치지 않는다. 또 손으로 식사하는 인도, 서아시아, 아프리카 사람들은 손끝으로 음식의 상태를 느낄 수 있다. 이렇게 오감은 일상생활 속에서 단련되는 것이다.

도시 문명에 익숙해진 우리의 오감은 센서로서의 기능이 약화된 반면, 쾌락과 미의식, 창조 활동 등과 결합하여 섬세함을 증가시키고 있다. 센서로서의 오감이 문화를 뒷받침하는 오감으로 변화해가는 것이다. 미각 또한 그와 같은 길을 걷고 있다.

나는 일상생활 속에서 세계사를 생각하기 위해 《처음 읽는 음식의 세계사》와 《처음 읽는 술의 세계사》라는 책을 출간하였는데, 이

책은 '음식'과 '술'과 관계가 깊은 '미각'의 역사를 이해하기 위한 시도이다. 미각에는 독일의 헤닝henning이 분류한 짠맛, 단맛, 신맛, 쓴맛의 '4원미'가 있는데, 처음부터 지금과 같이 개발된 것이 아니고 혼돈된 상태였다. 대략 짠맛과 단맛은 긍정적 미각, 부패한 음식을 감지하는 신맛과 독을 식별하는 쓴맛은 부정적 미각으로 분류되었다.

하지만 역사의 흐름 속에서 인류는 쓴맛과 신맛에서도 유용성을 발견하였으며, 감칠맛이라는 문화적 미각을 개발했다. 가스트로노미(미식학, 식도락), 구르메(미식가) 등은 미각이 진화하는 과정에서 탄생한 표현이다.

미각은 식량 선택을 위한 센서

무엇을 먹어야만 하는지, 또 무엇을 먹으면 안 되는지에 대한 식별은 생존의 기초다. 살아가기 위해 자연을 계속 먹을 수밖에 없는 것은 인간의 숙명이다. 인간을 둘러싸고 있는 환경으로서의 '외적 자연'과 배가 고프면 음식이 먹고 싶어지고, 과음하면 몸 상태가 안 좋아지는 등 인간의 생리적 현상과 관련된 '내적 자연'의 경계에 입이 있다. 음식의 적절함과 부적절함을 판별하는 미각은 마치 경호원과 같은 존재로, 시각, 후각, 촉각이 그를 도와주고 있는 것이다.

미각은 각각의 문명권에서 성질이 다르다. 섭취하는 식자재, 각 지역에서 전해 내려오는 요리법 등에 의해 미각은 길러지고 계승된다. 미각은 무엇보다 먹는다는 행위를 통해 모든 것이 시작되기 때문에 생활과 문화 속에서 큰 비중을 차지하고 있다. 그만큼 미각은 잘 보호해야 하는 존재가 되었다. 새로운 식자재와 조미료, 요리법을 외부로부터 도입할 때도 전통적인 미각을 바탕으로 받아들이는 형태로 처리되었다. 이것이 지구상에 다양하고 다채로운 미각이 존속할 수 있는 이유다.

미각은 군사 왕정 등에 의해 크게 변화한 적도 있지만, 그래도 각각의 개성을 계속 유지하였다. 그런데 산업혁명 이후 급격한 도시화, 교통과 정보 전달의 효율화, 식품 보존 기술의 개발로 인해 미각은 크게 변화했다. 20세기 후반 이후, 하이테크 혁명과 저온유통체계인 콜드 체인의 보급, 그리고 세계화의 진행으로 인해 미각은 전혀 다른 차원으로 이행하고 있다.

미각 센서로 감지할 수 없는 농약이나 식품첨가물과 관련된 문제는 아직도 존재하지만, 그래도 우리는 식품 유통 시스템을 신뢰하고 주어진 정보에 따라 식생활을 하고 있다. 미각은 신체적 안전을 지키는 센서로서의 기능이 후퇴하고, 쾌락을 측정하는 척도로 모습을 바꾸었다고도 할 수 있다. 엄청나게 많은 음식의 목록이 생겨나는 역사의 과정에서 미각은 계속해서 변화하고 있는 것이다.

혀의 표면에는 약 1만 개의 미뢰가 존재하는데, 하나의 미뢰 속에 존재하는 수십 개의 미각 세포, 즉 수만에서 수십만 개에 이르는 혀의 미각 세포가 입에 들어온 것을 몸속으로 받아들일지, 거부할지에 대한 판단을 최종적으로 결정한다. 센서인 혀는 인류의 긴 역사 속에서 생명을 지키기 위해 고군분투해 왔다. 미각은 음식과 음료가 입과 혀에 닿을 때 일어나는 감각으로, 입속에서 음식과 음료를 가려내는 작용과 관련이 있다.

1916년, 독일의 헤닝은 짠맛, 단맛, 신맛, 쓴맛을 '맛의 4원미'로 정의하고, 모든 맛은 4원미가 구성하는 '미각 사면체'의 어딘가에 위치한다는 유명한 이야기를 제기했다. 그는 모든 음식과 음료의 맛을 공통적 기준에 의해 분류할 수 있도록 했다. 나아가 오늘날에는 4원미에 감칠맛을 추가해야 한다는 의견이 지지를 받고 있다. 감칠맛은 네 가지 맛을 어떻게 배합하여도 만들 수 없다고 한다. 감칠맛은 긴 역사 속에서 인류가 체험적으로 개발한 역사적 미각인데, 4원미에 감칠맛을 더하면 이야기가 복잡해지므로 일단은 4원미에서 출발하려고 한다.

혀에는 가장 앞쪽 끝에 단맛, 중앙 부분을 뺀 전체에 짠맛, 양쪽 옆에 신맛, 후각과 밀접한 관계를 갖는 제일 안쪽에 쓴맛을 느끼는 미각 세포가 분포하고 있다. 짠맛과 단맛이 혀의 중심 부분을 차지하고 있는데, 단맛은 에너지원으로써 필요한 당류를 찾아내며, 짠맛은 혈액 등 체액의 삼투압을 일정하게 보존하는 데 필요한 염분을 식별하는 센서였다. 이제는 문명의 산물이라 할 수 있는 다섯 번째 미각, 감칠맛을 감능堪能하는 사치스러운 혀가 되었다.

세계사와 팽창하는 맛

음식의 맛을 조절하고 마음에 드는 맛으로 만드는 특별한 식자재를 '조미료'라고 부른다. 일본에서 4원미와 관련된 기본 조미료는 소금, 설탕, 식초, 간장이다. 소금, 식초, 설탕처럼 세계의 공통적인 조미료 외에도 각 지역에는 고유의 간장이나 향신료, 생선장魚醬, 장醬 등이 존재한다.

일반적으로 강한 맛과 향을 가진 식자재를 조미료로 취급하였으나, 머지않아 발효에 의한 많은 훌륭한 조미료가 추가되었다. 조미료의 지역적 분포를 개관하면 아시아에서는 장, 생선장, 간장, 카레 등의 만능 조미료를 사용하지만, 유럽에서는 이와 같은 만능 복합 조미료 대신 간장과 향신료를 풍부하게 사용한 육즙, 소스, 드레싱, 와인을 사용한다.

군이 따지자면 부정적으로 취급되었던 신맛과 쓴맛이 역사의 과정에서 경험과 정보가 축적되면서 조미료로 이용되고, 풍미와 향, 색, 그리고 맛을 입히는 용도로 사용하게 되었다. 조미료는 곡물 중심 식사의 단순한 맛에 다양함과 다채로움을 더해 주었다.

향이 진하고 개성이 강한 허브와 향신료는 이미 다른 것과 구별되어, 중국, 인도, 서아시아, 유럽 등에서 건강을 증진하는 약초나 양념으로 간주하였다. 약으로서의 이미지가 맛과 향기에 특별한 긍정적 인상을 주었던 것이다.

유럽에서 허브라고 부르는 로즈메리, 샐비어, 타임, 오레가노 등 향기를 가진 풀은 채소밭에서 재배하여 날것 그대로 요리에 첨가하였다. 반면 향신료라고 부르는 후추, 육두구, 클로브, 카르다몸, 시나몬, 생강 등은 건조하여 사용한다. 날것으로 이용하는 것이 허브, 건조하여 사용하는 것이 향신료다. 유럽으로부터 아득히 먼 지역에서 건너온 향신료는 희소성을 가지고 있었기 때문에 원거리 무역의 꽃이 되었다. 정보 전달과 교통수단이 아직 발달하지 않았던 시대에 상인들은 정보의 어둠으로 가려진 지역에서 가져온 향신료를 상품화하여 큰 부를 얻었다. 인간은 자신을 차별화하고 싶다는 본능에 가까운 욕구를 지녔기에 식탁에 값비싼 향신료를 풍족하게 준비하는 것을 부유층의 상징으로 여겼다. 상인의 이익 추구와 차별화를 원하는 소비자의 욕구가 합치한 것이다. 맛은 그다음이었다.

　미각이 후각, 시각과 함께 새롭게 개발한 것은 영양 섭취가 목적이 아닌 향과 색, 자극적인 맛을 즐기기 위한 기호품이었다. 대표적인 기호품으로 맥주와 와인, 술 등의 알코올음료가 있으며, '대항해 시대' 이후에는 커피, 홍차, 코코아, 담배 등이 인류 사회와 깊은 관계를 맺게 되었다. 17~18세기 설탕의 대량 생산, 19세기 식품 공업의 성장과 수송기관의 개발, 20세기 수송·정보전달기관의 고속화, 안정화, 저비용화에 의해 세계적으로 식자재가 활발하게 교류되어 기호품의 세계는 빠른 속도로 확대되고 있다. 이 책에서는 미각의 변화를 주도하는 조미료, 향신료, 기호품을 중심으로 이야기를 해보려고 한다.

차례

· 들어가는 글 004

I 세계를 지배한 짠맛

01. 농업을 보완한 소금 016

02. 소금을 지배하는 상인과 권력자 027

II 자연이 베푼 맛의 선물

01. 큰 사랑을 받은 단맛 038

02. 벌꿀과 무화과 044

03. 쓴맛을 받아들인 문화 051

04. 자극으로써의 매운맛 053

05. 과일에서 얻을 수 있었던 신맛 061

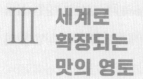

III 세계로 확장되는 맛의 영토

01. 감칠맛을 끌어내는 발효 074

02. 바다가 생선장을 키웠다 079

03. 장막의 안은 발효의 무대 084

04. 소금과 후추가 기른 장(醬) 088

05. 알코올 발효와 식초의 탄생 095

06. 유산 발효와 치즈 101

IV 영향력을
키우는
매운맛

01. 거대 상권을 움직인 향신료 110

02. 유럽인이 좋아하는 강한 향 115

03. 후추는 동쪽으로, 서쪽으로 120

04. 바이킹의 활약과 카르다몸 127

05. '대항해 시대'의 계기가 된 후추 134

06. 전쟁의 원인이 되었던 고가의 향료 138

V 맛의
신세계가
열리다

01. 전 세계로 확장된 맛의 세계 146

02. 매운맛 세계를 석권한 고추 151

03. 새로운 산미 토마토 156

04. 카리브 해에서 온 설탕의 대행진 161

VI 일상을
유혹하는
단맛

01. 설탕과 커피 174

02. 홍차 사랑과 동인도 회사 184

03. '신대륙'의 기호품, 카카오 191

VII 변화를
추구하는
입맛

01. 분리된 단맛과 기호품 198

02. 일본에서 처음 발견한 감칠맛 208

03. 도시의 시대와 변하는 입맛 218

• 맺음 글_ 세계화와 가스트로아노미 224

I

세계를
지배한
짠맛

1. 농업을 보완한 소금

2. 소금을 지배하는 상인과 권력자

01

농업을 보완한 소금

생명의 고향은 바다였다

'함미鹹味'라고도 부르는 짠맛은 생명 유지에 빼놓을 수 없는 소금을 느끼기 위한 미각이다. 소금은 인간이 생명을 유지하기 위해 꼭 필요한 나트륨을 많이 함유하고 있다. 바다에서 육지로 올라오는 모든 생물의 체액 속에는 바다 생활의 흔적으로서 일정 농도의 나트륨이 포함되어 있다.

인간도 체액의 나트륨 농도를 유지하기 위해 항상 땀이나 배설물을 통해 체외로 배출되는 이 나트륨을 보충하지 않으면 살아갈 수 없다. 사람이 이 세상에 태어나 가장 처음 만나는 맛도 모유에 들어 있는 짠맛이다. 미각은 짠맛으로 깨어나게 할 수 있다.

최초의 미각 체험은 뇌에 기억으로 각인되기 때문에 인간은 본능적으로 짠맛을 계속 추구하게 되는 것이다.

소금은 맛내기의 총지휘관으로서도 크게 활약한다. 짠맛은 단맛과 신맛의 미각을 증감시키는 '대비 능력'을 가지고 있다. 짠맛이 요리의 전체적인 맛을 조정하는 역할을 담당하고 있는 것이다. 수박에 약간의 소금을 뿌리면 단맛을 강하게 느낄 수 있는데, 이것이 소금의 '대비 작용'의 대표적인 예이다.

이렇게 소금은 미각을 뒷받침하는 기본 조미료로서 꾸준히 섭취되고 있다. 소금은 유행의 기복 없이 '먹거리'의 역사 속에서 계속 등장한다. 그래서 제1장에서는 소금과 짠맛에 대한 기록들을 정리하여 가볍게 이야기해보려고 한다.

수프가 맛있다고 느껴지는 염분의 농도

소금에 함유된 나트륨은 혈액의 삼투압을 유지하고 담즙, 췌액, 장액 등의 소화액을 알칼리성으로 보존하는 역할을 담당하고 있다. 인간의 혈액에는 약 0.9%의 염분이 포함되어 있는데, 이 농도를 일정하게 유지해야 한다. 배설과 발한 등으로 잃어버리는 염분을 보충하기 위해서는 성인 기준으로 연간 약 5킬로그램에서 7킬로그램, 하루 약 15그램의 염분이 필요하다. 심지어 최근에는 고혈압 예방의 관점에서 소금 섭취량을 하루 10그램 이내로 자제해야 한다고 말하기도 한다.

소금이 건강을 뒷받침하고 있다는 것을 경험적으로 인지하고 있던 고대 로마인은 건강하고 심신이 모두 이상이 없는 '무병식자재'를 'salus(살루스)', 기골이 장대하고 튼튼한 '장건'을 'salubritas(살루브리타스)'라고 표현하였다. 이는 모두 소금을 의미하는 라틴어 'sal(살)'에서 파생된 단어이다. 그들은 소금이 생명과 건강의 원천이라고 생각했던 것이다.

시드니 링거(Sydney Ringer)

참고로 1882년 영국의 생리학자 시드니 링거(Sydney Ringer)가 오늘날에도 사용되는 약을 떨어뜨리는 방식의 링거액을 고안할 때도 염분 농도를 혈장과 같은 0.9%로 설정하였다. 우리가 국물 요리나 수프를 마시면서 '맛있다'라고 느끼는 염분 농도도 사실 0.9% 정도라고 하니 매우 흥미롭다. 생리적 욕구가 미각의 바탕이 되고 있는 것이다. 장기적으로 소금이 부족하면 온몸에 탈력과 권태 등의 증상이 발생하고 생명에 위기가 찾아온다. 되풀이되는 세계사 속에서 많은 사람이 소금의 결핍으로 목숨을 잃고 있다.

곡물은 소금이 필요했다

세계사에서 농업의 시작은 긍정적인 이미지로, 언제나 일면적으로 평가됐다. 하지만 미각의 측면에서 생각해보면, 곡물 중심의 규칙적인 식사로 맛이 단순해지면서 일부러 소금을 섭취해야만 하는 결점이 발생하였다. 곡물에 의존하는 생활의 시작으로 인해 소금의 섭취를 빼놓을 수 없게 된 것이다.

즉 건강을 유지하기 위해서는 식물을 통해 섭취할 수 있는 칼륨과 동물의 살코기와 피를 통해 섭취할 수 있는 나트륨의 균형이 중요한데, 농업의 시작으로 다량의 칼륨을 섭취하게 되면서 나트륨과의 균형이 붕괴된 것이다. 곡물 등 식물성 식량의 대량 섭취는 체내의 칼륨 농도를 높이고, 대량의 나트륨을 체외로 배출시킨다. 그래서 소금을 섭취하여 매일매일 잃어버리는 나트륨을 보충할 필요가 생겼다. 소금의 생산과 분배가 인류 사회에 새롭게 투입된 것이다. 약 500만 년 전부터 약 1만 년 전까지 이어진 수렵 채집 사회에서는 소금을 특별히 섭취하지 않았다. 동물과 생선의 살코기를 먹으면 그들의 체내에 있는 미량의 나트륨이 인간의 몸속에 농축되었기 때문이다.

5천 년 전, 4대 문명이 큰 강을 중심으로 성립하자 도시의 주민들은 고기를 대량으로 섭취하기 어려워져 소금 그 자체를 의식적으로 섭취할 수밖에 없게 되었다. 많은 양의 소금 수요가 탄생하게 된 것이다.

하지만 다행히도 지구는 70%가 바다이며, 바닷물에는 약 3%의 염분이 포함되어 있다. 또 내륙에도 사해와 같은 함수호나 염분 함유량이 많은 지하수, 결정화된 암염이 있다. 여러 문명에서는 염수를 졸이거나 바닷물을 수조에 받아 농축한 후 가열하여 소금을 제작하거나, 염전에 바닷물을 끌어와 농축한 후 증발시키거나, 암염을 발굴하는 등 다양한 방법으로 소금을 확보하였다.

고온 건조한 나일강, 티그리스강과 유프라테스강, 인더스강 유역에서는 수분이 매우 강하게 증발했기 때문에 제염은 비교적 간단한 작업이었다. 하지만 황토의 퇴적으로 하류 지역에서 큰 범람이 반복되어 내륙성이 높았던 황하 유역은 이야기가 달랐다. 산둥 지방 등 연안부의 소금 생산지에서 소금이 만들어지는 것 이외에 염분을 농후하게 함유한 함수호, 염분 농도가 높은 지하수를 끌어올리는 소금 우물 등이 이용되어 소금의 가격은 매우 높은 수준이었다.

맛의 비결, 소금

요리의 적절한 맛을 '간', 조미를 '간을 보다'라고 하듯 요리에서 소금의 양은 맛의 비결이 되었다. 귀중한 소금이 요리의 맛을 좌우한 것이다. 일본에서는 자신이 직접 공을 들여 돌보는 '손수 돌보다

(手塩にかける)'라는 표현에도 '소금'의 한자가 들어가는데, 원래 이는 직접 손에 소금을 묻히면서 정성 들여 맛을 낸다는 의미다. 미식가로 잘 알려진 청나라의 시인, 원매袁枚는 그의 저서 《수원식단》에서 "요리사가 사용하는 조미료는 아내의 의상과 같다. 미모가 아무리 뛰어나고 충분히 화장한다고 해도 옷이 남루하면 중국의 4대 미인 서시西施라도 그 모습은 엉망일 것이다"라며 조미료의 중요성을 여성의 의상에 비유하였는데, 그만큼 소금은 중요한 의상이었던 것이다.

중국에서는 전설 속의 초대 황제인 황제黃帝가 배와 수레, 절굿공이와 절구통, 활과 화살을 만들었다고 전해지는데, 그의 신하 숙사宿沙가 바닷물을 끓이기 시작하여 소금을 제작했다고 한다. 역사의 출발점에 제염이 놓여있는 것이다.

고대 이집트에서는 나일강 삼각주(나일 델타) 지역에서 바닷물을 건조해 만든 소금과 주변의 사막에서 채취한 암염을 사용하였다. 이집트인은 소금으로 간을 한 채소를 좋아했으며, 가축 동물의 고기와 생선에도 소금을 쳐서 보관하였다고 한다.

그리스의 역사가 헤로도토스는 그의 저서 《역사》에서 이집트인의 식생활에 대해 "(이집트에서는) 생선은 햇볕에 건조하고 염장한 후, 날것 그대로 먹는다. 그리고 조류 가운데 메추라기와 오리 등 작은 새는 미리 소금에 절여두고 날것 그대로 먹는다"라고 기술하였다. 또한 이집트에는 가축의 고기에 소금을 쳐서 큰 항아리에 보존하는 모습이 무덤 벽화 등에도 남아있다.

《구약성서》에서도 소금을 굉장히 중요하게 다루고 있다. 기원전 1300년경, 이집트에 이주한 히브리인을 이끌고 이집트를 탈출한 모세에게 여호와는 '너의 모든 소제물에 소금을 치라. 네 하나님의 언약의 소금을 네 소제에 빼지 못할지니. 네 모든 예물에 소금을 드릴지니라'《구약성서》레위기 2장 13절)라고 하였으며, 신에게 바치는 모든 공물에 소금을 함께 곁들일 것을 요구하고 있다.

생명을 연장하는 마법의 가루

생존에 빼놓을 수 없는 소금은 식자재의 부패 방지에도 도움이 되었다. 식자재는 금방 부패하기 때문에 어떻게 보존하는지가 큰 과제였던 것이다. 인류는 건조한 환경을 만들고 소금을 추가하면 부패균이 활약하기 어렵다는 사실을 체험적으로 깨달았다. 너무 당연한 말이지만 소금에 의해 부패가 억제된 식자재는 짠맛이 난다. 짠맛은 이렇게 소금을 사용한 식자재 보존 기술의 보급에 따라 맛의 세계로 한층 더 확대되었다. 참고로 고대 이집트에서는 미라를 만들 때, 내장을 꺼낸 후 유체를 일정 기간 소금물에 담그고, 그 후에 건조하였는데 이는 식품 가공의 지혜를 응용한 것이다.

일본에서도 비교적 소금을 얻기 쉬운 간사이 지방에서는 식품 보

최후의 만찬, 레오나르도 다 빈치, 1490년

존에 소금을 사용하였지만, 소금을 얻기 어려운 도호쿠와 홋카이도 지방에서는 말린 식자재 문화가 발달하였다. 일본에는 소금에 절이는 문화권과 말린 식자재 문화권이 모두 존재하는 것이다. 《신약성서》의 마태복음에 따르면 예수는 "너희는 세상의 소금이니 소금이 만일 그 맛을 잃으면 무엇으로 짜게 하리요. 후에는 아무 쓸데없어 다만 밖에 버려져 사람에게 밟힐 뿐이니라"라고 말하며 소금이 없거나, 없애서는 안 될 존재로 비유했다. 짠맛의 불변성, 즉 소금에 의한 식품 보존에 주목한 것이다. 이렇게 염분은 식품의 불변을 담당하고 있었다.

소금은 식탁에서도 '공유되어야 하는' 필수품이었다. 레오나르도 다 빈치가 그린 명작 〈최후의 만찬〉에는 식탁 위에 엎질러진 작은 소금 항아리가 그려져 있는데, 이는 은전 서른 닢을 받고 예수를 제사장에게 넘긴 유다의 배반을 상징하고 있다. 소금은 신뢰의 상징이기도 했던 것이다.

기원전 8세기경의 그리스 시인 호메로스는 "소금은 신성하다"라고 말했다. 그리스에서는 축제의 희생이 된 동물의 머리에 깨끗한 소금을 뿌리는 관습이 있었다. 참고로 일본에서도 소금은 더러운 것을 깨끗하게 만드는 힘을 가졌다고 믿었다. 일본 고유의 민족 종교인 신도의 행사에서도 소금이 사용되고, 스모에서도 스모 선수가 시합 전 소금을 뿌려 경기장을 정화하는 것은 이러한 이유 때문이다. 소금에 의한 방부 효과가 불변과 성스러움의 이미지와 결부된 것이다.

소금은 일본의 탄생을 이야기하는 건국 신화와도 깊은 연관이 있다. 이나자기노미코토伊弉諾尊가 아마노우키하시天浮橋라는 다리 위에 서서 창으로 바닷물을 저을 때, 창끝에 맺힌 방울에서 떨어진 소금이 굳어 아와지 섬이 되었다고 한다. 이나자기노미코토는 그 섬에 강림하여 결혼을 하고 차례로 일본 열도를 만들었다고 전해진다.

샐러드도, 소스도 짰다

이집트인이 그랬던 것처럼, 짠맛은 로마인에게도 기본적인 미각이었다. 로마인은 먹는 행위를 가장 큰 쾌락으로 여겼다. 그들은 만찬 자리에서 노예에게 공작의 깃털로 목구멍을 자극하게 하여 먹은 음식들을 게운 후 다시 이어서 먹었다는 이야기가 있는데, 그만큼 그들은 미각에 탐욕적이었다고 할 수 있다.

하지만 유감스럽게도 로마인의 혀는 짠맛에 길들어 채소나 과일의 소금 절임, 염장한 고기, 소금을 뿌린 생선 등을 매우 좋아하였다. 로마인의 미각은 짠맛의 포로였던 것이다. 짠맛은 로마의 식문화를 계승한 유럽 요리의 기본이 되었다. 참고로 영어의 'salad(샐러드)', 프랑스어의 'salade(살라드)'도 소금을 의미하는 라틴어 '살sal'에서 유래한 단어다. 고대 로마에서는 신선한 채소에 소금을 뿌려 채소의 거친 식감과 쓴맛을 부드럽게 만들었다.

오늘날 프랑스 요리에서는 채소만 사용한 샐러드를 '살라드 심플simple salad', 채소에 육류나 어패류를 올린 샐러드를 '살라드 콩포제combination salad'라고 부른다. 짠맛은 생채소를 먹을 때의 기본적인 맛으로 자리 잡은 것이 분명하다. 참고로 일본에서는 제2차 세계대전 이후에 샐러드가 유행했는데, 일본을 점령한 미군이 샐러드 문화를 보급했다고 전해진다.

샐러드라고 하면 드레싱과 마요네즈를 연상할 수 있다. 요즘에는 그 종류가 매우 다양하지만, 드레싱은 1900년 미국에서 '프렌치드레싱'이라는 이름으로 처음 사용되기 시작하여 이후 다양화된 것이다. 참고로 프랑스에서는 '드레싱'이라는 단어가 없고, 대신 다양한 이름의 '소스sauce'를 사용한다. 프랑스어 소스의 어원도 라틴어 소금을 나타내는 '살sal'과 그 속어인 '살라sala'이다.

짠맛이 맛내기의 중심이 된 것은 고대 중국도 마찬가지였다.《한서漢書》의 〈식화지食貨志〉 편에는 전한을 무너뜨리고 '신'이라는 왕조(8~23)를 건국한 왕망王莽이 내렸다는 "소금鹽은 식효食肴의 장將이고, 술酒은 백약百藥의 장長"이라는 조서를 다루고 있다. 매우 유명한이 구절은 국가가 전매한 소금과 술을 많이 구입하라고 독려한 문구라고도 할 수 있다.

02

소금을 지배하는 상인과 권력자

소금을 두고 경쟁한 베네치아와 제노바

소금의 수요가 매우 방대했기 때문에 상인에게 소금은 큰 부를 얻을 수 있는 원천이었다. 소금이 주력 상품이 된 것이다. 소금은 식염뿐만 아니라 고기나 생선의 보존용으로도 많은 양이 사용되었다.

14세기 이후에는 부활절 이전의 40일을 가리키는 사순절을 위해 발트해에서 청어를 대량으로 잡아 올려 소금에 절인 식품이 유럽 각지에서 판매되었다. 예수가 광야에서 수행하며 쌓은 유덕을 기리기 위한 사순절의 40일 동안은 교회가 고기 섭취를 금지했기 때문에 사람들은 짭짤한 소금에 절인 청어로 연명해야만 했다. 소금이 부족한 일본 홋카이도 지방에서는 청어를 훈제한 뒤 건조시킨 가공품인

'미가키니신'처럼 건조하는 방식으로 가공했지만, 중세 유럽에는 그러한 발상이 없었다.

참고로 청어를 소금에 절이기 위해서는 청어 무게의 3분의 1 이상의 소금이 필요했다. 상당히 먼 과거로 내려간 1875년에는 청어 약 30억 마리가 소금에 절여졌다는 기록이 있는데, 이 경우 약 1억 2,300킬로그램의 소금이 절임용으로 사용되었다고 계산할 수 있다. 중세 시대의 발트해에서는 아주 많은 양의 소금을 사용했던 것이 분명하다. 14~16세기에 번영한 한자동맹의 독일 뤼베크, 함부르크 등 여러 도시에서는 소금과 소금에 절인 청어, 수송용 원형 나무통의 매매가 번영의 토대가 되었다. 소금이 한자동맹의 도시들을 뒷받침해준 것이다.

지중해 상권에서도 소금은 매우 중요한 상품이었다. 르네상스기에 부와 패권을 뺏기지 않으려 경쟁한 베네치아와 제노바도 모두 소금 판매를 중요하게 생각했다.

도시국가 베네치아의 시작이라고도 말할 수 있는 토르첼로 섬 주변의 라구나(갯벌)는 베네치아 최초의 제염소로도 알려져 있다. 토르첼로 섬의 염전에서는 6세기에서 9세기에 걸쳐 농도가 다른 몇 단계의 못을 만들어 염수의 농도가 진해질 때마다 못을 이동하는 합리적 제염을 시행하였다.

11세기가 되자 베네치아는 유럽 내륙 지역에 소금을 판매하면서 비약적인 성장을 이루었다. 14~15세기의 베네치아는 키프로스 섬

워터구젠의 지도자
윌리엄 반 데어 마르크

에서 스페인 발레아레스 제도에 이르는 염전을 지배하고, 소금을 독점 판매하며 막대한 이익을 얻고 있었다. 베네치아의 선박이 운반한 상품의 30%~50%가 소금이었기 때문에 매우 대단한 수준이었다고 할 수 있다. 15세기 중반의 소금의 연간 판매량은 3만 톤에 가까웠다. 베네치아는 소금 판매를 통해 부를 쌓을 수 있었던 것이다.

베네치아의 경쟁 상대인 제노바 또한 흑해에서 북아프리카에 이르는 많은 제염소를 지배하고, 이비사 섬을 지중해 제1의 소금 생산지로 성장시켰다. 베네치아와 제노바는 소금을 둘러싸고 격렬한 경쟁을 펼쳤던 것이다.

네덜란드 독립전쟁(1568~1609)에서는 '워터구젠watergeuzen, 바다의 거지'이라고 불린 신도교의 독립파가 영국의 항구를 거점으로 하여, 스페인 안달루시아 지역에서 생산된 소금을 한자동맹의 여러 도시로 보내는 경로를 차단하였다. 이로 인해 경제의 큰 타격을 받은 스페인은 네덜란드의 독립을 받아들일 수밖에 없었다.

　스페인이 네덜란드의 독립을 승인한 1648년의 웨스트팔리아 조약에는 모든 교전국에 불이익을 주는 소금 교역의 봉쇄를 금지하는 조항이 있다.

민중에게 원망의 표적이 되었던 소금세

　서민들의 생활과 깊게 관계하는 소금은 생산지가 한정적이기 때문에 권력에 지배되는 경향이 강했다. 유럽의 왕권이 강해진 16~18세기에는 쉽게 통제할 수 있는 소금이 절호의 과세 대상으로 간주되었다. 전매품으로 취급되어 고액의 소비세가 부과된 것이다.

　16세기 중반, 프랑스 앙리 2세의 시대에는 소금에 대한 체계적인 과세가 시작되었다. 소금이 왕실의 주요 재원이 된 것이다. 프랑스의 정치가 콜베르는 1680년, 8세 이상의 개인에게 매주 정해진 가격에, 정해진 양의 소금 구매를 의무화하였다. 원래 프랑스에서 '가벨gabelle'이란 단어는 물품세를 지칭하는 단어였지만, 점차 소금세를 가리키는 단어가 되었다.

　1789년 바스티유 감옥 습격 사건으로 프랑스 혁명이 시작되자, 혁명정부는 1790년 소금세를 폐지하였다. 소금세 폐지는 민중에게 새로운 정권의 존재 의의를 나타낼 수 있는 지극히 알기 쉬운 방책이었다.

하지만 1805년, 소금세는 나폴레옹에 의해 부활하였다. 징병제에 의한 군대로 유럽의 패권자가 된 나폴레옹에게는 막대한 전쟁 비용을 만들기 위해 소금세를 부활시켜야 할 필요가 있었던 것이다. 그렇게 소금세는 1945년까지 유지되었다. 소득세의 도입은 그 후의 일이며, 근대적 세금의 근원은 소금세에 있다고 해도 과언이 아니다.

중국 왕조의 흥망성쇠와 소금

소금이 주요한 세원이 된 것은 프랑스뿐만이 아니다. 일본에 비해 면적이 26배나 되지만 해안선의 길이는 3분의 2에 지나지 않는 중국에서도 권력이 소금을 지배하였다. 중국에서는 내륙 지방의 염지나 염정(소금 우물)에서 소금이 최초로 생산되었다. 산시성에는 260km²나 되는 큰 염지가 만들어졌으며, 염정은 쓰촨이나 윈난 등의 지역에 분포하고 있었다.

한나라 시대(기원전 202~기원후 220) 이후가 되자, 바닷소금이 식염의 중심이 되었다. 염분 농도가 3.5%인 바닷물은 77.9%가 염화나트륨이었는데, 소금을 골라내기 위해서는 수분을 제거해야 하는 노력이 필요했다. 염전으로 적합한 평탄한 해안이 한정적이었기 때문에 국가가 소금을 관리할 수 있었다. 흉노족과의 대전쟁, 한반도와 베트남으로의 대원정을 반복하며 재정난에 빠진 전한의 한무제 시대 이후, 소금이 전매품이 되어 정부는 막대한 수입을 거두어들일 수 있게 되었다.

양귀비에 빠져 정치에 실패한 당 현종에게 반기를 든 안녹산의 반란군에게 수도 장안을 점거당하여 쇠퇴한 당제국도, 반란 중이었던 758년에 소금의 전매를 시작하고 소금 가격의 10배나 되는 소금세를 부과하였다. 지방에 대한 지배력이 약했던 당 정부는 소비세에 의지할 수밖에 없었던 것이다.

세금이 부과된 소금의 가격이 크게 상승하면서 소금 밀매는 빅 비즈니스가 되었다. 오늘날에 빗대어 말하면 소금으로 마약 판매에 필적할만한 거액의 이윤을 얻을 수 있었던 것이다. 소금 밀매상은 수많은 부하와 지방의 유력자, 조직폭력배, 공무원의 일부를 끌어들여 대규모 밀매 조직을 만들고, 적발될 것 같으면 반란을 일으키고 도망갔다. 당나라 말기의 황소의 난(875~884)은 소금 밀매 상인이 일으킨 농민 반란으로, 이는 당나라의 몰락을 초래하는 계기가 되었다. 소금 밀매 상인의 적발이 당이라고 하는 대제국의 붕괴로 이어진 것이다.

북송 말기, 송나라 사람인 송강의 반란군이 거점을 둔 장소는, 후에 108명의 호걸이 활약한 중국을 대표하는 장편소설《수호전》의 무대인 '양산박'이 되는데, 이곳은 산둥성 서부에 있는 양산 산기슭

에 있던 황하의 범람원으로, 소금 밀매 상인이 기승을 부리는 지역
이었다.

당나라 시기부터 20세기 초, 청나라가 몰락할 때까지 소금의 전
매가 이어졌는데, 소금에 대한 왕조 재정의 의존이 계속되어 대부분
국고 수입의 40%를 소금세가 차지하였다. 원나라 시대처럼 소금세
수입이 80%를 차지하는 시기도 있었으며, 소금의 판매 가격은 원가
의 37배에 달하는 수준이었다고 한다. 오늘날의 소비세율과 비교하
면 당시 소금세는 너무 터무니없는 가격이었다.

인도인을 분기하게 만든 23그램의 소금

소금에 대한 무거운 세금은 영국의 식민지였던 인도에도 부과되
었다. 20세기 민족 운동으로 유명한 '소금 행진(단디 행진)'은 마하트
마 간디가 영국 식민지 정부에 의한 소금 통제를 무너뜨리고, 소금
을 다시 민중의 품에 되찾으며 독립에 큰 물결을 일으킨 사건으로
알려져 있다.

인도를 지배한 영국은 인도에 도착한 영국 선박의 안정을 위한
바닥짐(선박평형수)으로써 소금을 운반하고, 50%의 소금세를 붙여
소금 판매를 독점하였다. 또한 제염 금지법을 제정하여 인도에서의
소금 제작을 금지하였다. 소금이 민족 억압의 상징이 된 것이다.

1930년 소금 행진을 이끄는 간디

　인도 민중의 곤궁을 강제한 제염 금지법의 폐지를 슬로건으로 내세우며 61세의 독립운동 지도자, 간디가 일어났다. 1930년 3월 2일, 백의를 몸에 걸치고 둥근 안경을 쓴 간디는 79명의 제자를 뒤에 거느리고 수행처가 있는 사바르마티의 아쉬람에서 390km 정도 떨어진 단디의 해안을 향해 행진을 개시하였다.

　간디는 행진이 통과하는 약 170개의 마을에 소금세와 소금 전매제의 폐지를 호소하였다. 소박한 민중들은 그가 가는 길에 나뭇잎을 깔고 물을 뿌리며 소금을 인도인의 품으로 되찾기 위해 목소리를 높이는 일행을 맞이하였다고 한다. 이것이 그 유명한 '소금 행진'이다.

　25일 후 단디의 카티아와르 해변에 도착한 간디는 이른 아침, 바다에 들어가 제염 금지법을 어기고 아주 적은 양인 23그램의 소금을 만들었다. 매우 미량이긴 하지만 민족의 자랑스러운 소금이었다. 권력에 의한 소금의 지배가 무너진 것이다. 식민지 정부는 이를 방관할 수 없었다.

　영국에 반하는 행동을 한 간디는 결국 체포되었다. 하지만 23그램의 자랑스러운 소금이 계기가 되어 제염 운동이 확산되었으며, 6만 명 이상의 인도인이 체포되었다. 또한 인도 전역에서는 영국 상품의 불매운동도 일어나 인도에 대한 영국의 지배가 크게 흔들리게 되었다.

　간디는 '소금 행진'을 통해 인도의 주권자가 영국인이 아닌 인도인이라는 사실을 알기 쉽게 민중에게 알려주었다. '소금 행진'은 식민지였던 인도가 영국으로부터 독립하는 계기가 되었다고도 할 수 있는데, 인도 민중이 영국의 식민 지배를 끝낸 것은 사건의 약 15년 후의 일이다.

　참고로 일본에서는 1905년 6월, 러일전쟁의 비용을 마련하기 위하여 소금의 전매가 실시되었다. 하지만 제1차 세계대전의 끝 무렵인 1918년이 되자 소금의 전매는 염업 보호와 판매 가격의 안정화를 목적으로 하는 방향으로 변화하였다.

II

자연이
베푼
맛의 선물

1. 큰 사랑을 받은 단맛
2. 벌꿀과 무화과
3. 쓴맛을 받아들인 문화
4. 자극으로써의 매운맛
5. 과일에서 얻을 수 있었던 신맛

01

큰 사랑을 받은 단맛

단맛의 매력

혀의 가장 앞쪽에서 감지되는 단맛은 생명을 뒷받침하는 에너지 원을 찾아내기 위한 미각이다. 인간의 에너지의 기본이 되는 당류가 단맛을 지니고 있기 때문이다. 그래서 단맛에 대한 인류의 욕구는 탐욕이라고 할 수 있을 정도로 강하며, 때때로 달콤함에 대한 욕망은 충동적으로 되기도 한다. 인류는 자연 속에서 단맛을 끊임없이 추구해왔던 것이다.

달콤함에 대한 인간의 욕구는 매우 강렬하며, 단맛은 혀에 만족 감을 줄 뿐만 아니라 신맛과 쓴맛 등을 마비시킨다. 단맛이 가진 기분 좋은 달콤함에 혀가 속고 마는 것이다. 양고기처럼 향이 강하고 개성 있는 고기에 달콤한 소스를 사용해 향을 옅게 하거나, 조금 오래되어서 맛이 변한 생선을 요리할 때 설탕을 많이 사용하는 것은 인간의 단맛에 대한 동경을 이용하고 있는 것이다. 19세기 이후에는 항상 똑같은 맛을 유지해야만 하는 가공식품과 청량음료가 대량 생산되었는데, 여기에도 미각을 모호하게 만들 목적으로 많은 양의 설탕 또는 인공 감미료가 혼입되었다. 다른 맛을 제거하는 단맛의 성질을 이용한 것이다.

생명 활동에서 단맛을 빼놓을 수 없다는 것은 피곤하면 단것이 생각나는 현상에서 확인할 수 있다. 동맥 속 혈당치가 떨어지면 인간은 견딜 수 없는 공복감에 시달리고 당분을 섭취하고 싶다는 충동을 느낀다. 혈중 당도의 저하가 음식을 먹어야만 한다는 신호를 보내는 것이다. 운동선수가 경기 후 당분을 찾거나, 성장이 빠른 아이들이나 임신한 여성이 단것을 매우 좋아하는 것은 이러한 이유 때문이라고 설명할 수 있다.

인간은 달콤함의 유혹에 약했다. 쾌락을 '꿀맛'이라고 표현하는 것처럼 단맛은 인간의 욕망을 자극하는 가장 첫 번째 맛이 되었다. 상대방의 감정을 자아내도록 교묘하게 이야기를 꺼내는 것을 '달콤한 말을 한다'라고 하며, 듣는 사람에게는 그다지 기분 좋은 말은 아니지만 그를 위해 일부러 하는 말을 '쓴소리를 한다'라고 한다. 기분을 좋게 하는 단맛과 혀에 불쾌감을 주는 쓴맛을 잘 구분하여 사용한 표현이다. 또 고생하지 않고 다른 사람을 이용하여 이익을 취하는 것을 '단물을 다 빼먹는다'라고 하는데, 여기에서 '단물'은 가치가 있는 것, 욕망을 만족시키는 것을 가리킨다.

돌로 착각한 설탕

단맛을 대표하는 것은 당분을 응축시킨 설탕이다. 사탕수수甘蔗 (감자)를 짜서 바짝 졸이는 설탕은 세계사에서도 크게 활약한다. 식 염으로 한정된 소금에 비해 단맛은 많은 식자재에 함유되어 있다. 그래서 소금은 권력에 의해 통제되었지만, 단맛은 권력으로부터 자 유로웠으며, 다양한 맛으로서 상거래의 대상이 되었다. 그 가운데 두각을 나타내는 상품이 바로 설탕이었다.

사탕수수는 뉴기니, 벵골만, 인도, 아라비아해, 이슬람 세계, 지중 해, 유럽, 대서양의 여러 섬, 브라질 카리브 해역 등 다양한 곳에 옮 겨 심어지며 대표적인 감미료가 되었다. 그러는 사이 설탕은 세계적 인 상품이 되었으며, 세계사를 크게 바꾸는 원동력이 되었다.

오늘날 사탕수수와 사탕무로 만들어지는 설탕의 연간 생산량은 15억 톤 이상으로, 이는 쌀과 밀의 생산량의 합계보다 크다. 하얀 설 탕은 매혹적인 달콤함을 통해 욕망의 해방이라는 주문呪文을 지구상 에 퍼뜨리고 있는 것이다.

사탕수수의 원산지는 동남아시아의 뉴기니 섬이다. 그리고 기원전 2000년, 사탕수수가 인도에 전해지면서 인도가 제2차 원산지가 되었다. 사탕수수는 7세기에 인도에서 이슬람 세계로 전해졌으며, 지중해 연안으로 재배가 확장되었다. '대항해 시대' 이후에는 포르투갈인이 브라질에서, 영국인과 프랑스인이 카리브 해역에서 대량으로 사탕수수를 생산하면서 설탕은 세계적인 상품이 되었다.

설탕은 기원전 4세기에 그리스 세계에도 이미 알려져 있었다. 알렉산드로스 대왕(재위: 기원전 336~323)이 인도에 원정군을 파견한 기원전 327년, 당시 사령관이었던 네아체스 장군은 인더스강 유역에서 우연히 사탕수수를 발견하고 "인도에서는 벌의 도움을 받지 않고도 갈대 줄기에서 꿀을 만들고 있다"라고 보고하였다. 여기에서 '갈대 줄기'는 사탕수수, '꿀'은 설탕을 가리킨다.

기원전 305년경에는 시리아왕 셀레우코스 1세의 사절로서, 인도 마우리아왕조를 창건한 찬드라굽타 왕의 아래로 파견된 그리스의 역사가 메가스테네스가 설탕을 '돌꿀stone

사탕수수

honey'이라고 시리아에 소개하였다. 그는 설탕을 '꿀처럼 달콤한 돌', 즉 광물로 보고하고 있다. 설탕의 제조 방법을 알지 못했던 것이다.

인도에서는 설탕을 일상적으로 소비하였지만, 서방 세계에서는 단맛 덩어리라고 할 수 있는 설탕을 '달콤한 돌'로 신비하게 바라보았다는 것을 알 수 있다.

6세기에 중국 북위에서 간행된, 농가가 갖추어야 할 실용서《제민요술》에도 감자(사탕수수)가 등장한다. 이 책에서는 "《이물지》는 다음과 같이 말한다. 감자는 어느 땅에서나 생산되지만 교지(베트남 북부)에서 생산하는 감자가 특히 맛이 좋고, 단맛의 정도가 편차 없이 균일하다. 둘레는 몇 치 정도 되고, 길이는 1자 남짓, 모습은 대나무와 비슷하다. 잘라서 먹으면 그대로 단맛이 난다. 즙을 짜서 '딱딱하게' 만든 것을 설탕이라 칭하는데, 이것 또한 진미이다. 또한 바짝 졸여서 햇볕에 쬐면 얼음과 같이 딱딱해지며, 부수면 기와처럼 된다. 이것을 입에 넣으면 녹아버린다. 그래서 인간은 이를 '돌꿀'이라고 칭하였다. 또한《가정법》에서는 3월에 감자를 심는 것이 좋다고 말한다"라고 서술하고 있다. 중국에서는 6세기에 이미 사탕수수를 짠 즙으로 설탕을 만드는 방법이 알려져 있었다고 이해할 수 있다. 하지만 당시에는 딱딱한 설탕을 '돌꿀'이라 부르며 소금과 같은 광물로 취급했다.

굴이 단맛을 내는 주요 식자재였던 일본에 설탕을 들여온 사람은 당나라 승려 감진鑑眞이다. 그는 도항에 계속 실패하다가 시력을 잃으면서 시도한 여섯 번째 항해에 일본으로 건너와, 도다이지에 계단戒壇을 구축하고, 도쇼다이지를 세운 인물이다. 그의 헌상품 목록에는 설탕 2근 4량(약 173그램)이 기록되어 있다. 설탕을 식자재가 아닌 약재로 취급한 것이다. 이슬람 상인이 거대한 상업권을 형성한 8세기까지 설탕은 지중해 세계에서도, 동아시아에서도 약으로 여겨졌다.

02

벌꿀과 무화과

신의 음식이었던 '꿀의 맛'

달콤함을 추구하는 인류의 활동은 수렵 채집 시대까지 거슬러 올라간다. 인류가 가장 선호한 단맛은, 어느 곳에나 존재하는 '벌'이라는 곤충이 부지런히 모은 꿀이었다. 세계에는 10만 종류에 이르는 벌이 살고 있다고 한다. 꿀은 세계 어느 지역에나 존재하는 곤충인 것이다.

벌꿀 채취의 역사는 매우 오래되었다. 약 1만 7000년 전에 그려진 스페인 동부 알라니아 동굴의 벽화에는 벌집을 얻기 위해 사다리로 높은 벼랑을 오르는 인물과 그 주변을 빙빙 날아다니는 엄청난 꿀벌 떼가 그려져 있다. '꿀에 모여드는 개미'라는 표현처럼 벌꿀에 매혹당한 인간은 원할 때 언제라도 꿀을 손에 넣기 위해 벌을 사육하게 되었다. 양봉은 목축이 아닌, '목충牧蟲'인 것이다.

메소포타미아 문명에서 벌꿀은 죽은 후에 망자가 먹는 음식이라고 생각했다. 서민에게는 높은 산 정상의 꽃이었던 것이다. 이집트인은 약 기원전 3000년 전부터 점토로 관 모양의 벌통을 만들어 양봉을 시행했다. 하지만 벌꿀은 파라오(왕)와 신관이 독점하였다. 기원전 12세기, 람세스 3세 시기에는 3만 1,092개의 항아리와 약 15톤의 벌꿀이 신전에 바쳐졌다고 하니, 엄청난 양이라고 할 수 있다.

고대 그리스에서는 양봉의 신 '아리스타이오스'가 농민들에게 벌을 기르는 법을 가르쳐주었다고 전해진다. 제우스를 비롯한 그리스 신들은 황홀할 정도로 달콤한 벌꿀 주 '넥타르'를 애음하였다고 한다. 그리스인은 오랜 시간 보존해도 변질되지 않고 고칼로리를 얻을 수 있는 황금빛 벌꿀을 '신의 음식'으로 여겼으며, 벌꿀 채집을 종교적 행위로 간주하였다.

로마 시대가 되며 양봉의 규모가 커지면서 벌꿀이 식탁을 더욱 풍성하게 만들었다. 로마의 시인 베르길리우스는 벌꿀을 '하늘이 주는 이슬의 은총'이라고 절찬하였다. 또 로마를 대표하는 미식가인 아피키우스는 플라밍고의 혀, 낙타의 굽 등의 요리법을 고안하고 1억 세스테르티우스(고대 로마의 화폐 단위 중 하나-옮긴이)라는 막대한 재산을 요리에 탕진한 후 굶어 죽는 것을 두려워하여 자살하였다고 알려진 안타까운 인물인데, 그가 남긴 유명한 요리책《데 레 코퀴나리아

데 레 코퀴나리아De re coquinaria

De re coquinaria, 로마 요리에 대하여》에 수록되어 있는 약 500가지 레시피 가운데, 약 3분의 1인 170가지 레시피에서 벌꿀과 벌꿀 주를 활용하고 있다. 식도락가였던 로마인들은 벌꿀의 달콤함에 완전히 빠져버린 것이다.《데 레 코퀴나리아》에서는 생선 요리에 사용하는 50가지 소스, 동물이나 새 등 고기 요리에 사용하는 60가지 소스에 꿀을 첨가하고 있다. 벌꿀을 감미료로써 사용했을 뿐만 아니라, 요리에 감칠맛과 풍미를 깊게 하고 야생 동물이나 새의 냄새를 제거하는 데도 사용했다는 것을 알 수 있다. 다른 맛과 향을 없애는 단맛의 성질을 활용한 것이다.

벌꿀의 성분은 70% 이상이 과당과 포도당이며, 그 외에도 디아스타아제, 비타민 B1을 함유하고 있기 때문에 설탕보다 더 균형 잡힌 감미료라고 할 수 있다. 단맛도 설탕보다 1.5배나 더 진하다. 벌꿀의 유일한 결점은 낮은 생산량이다. 뛰어난 감미료인 벌꿀은 불사의 상징으로 여겨질 정도였다. 《구약성서》 사무엘서에는 고대 팔레스타인 민족과의 전쟁으로 몹시 지친 요나단이 숲속에서 벌꿀을 발견하고는 "지팡이 끝을 벌집에 넣고, 손으로 따서 입에 넣으니 눈이 번쩍 뜨였다"라고 기록되어 있다. 벌꿀의 달콤함은 전투로 지친 요나단의 체력을 회복시켜 준 것이다.

벌꿀의 효용은 중국에도 알려져 있었다. 500년경, 중국 양나라 학자인 도홍경이 저술한, 중국에서 가장 오래된 약학서 《신농본초경》에는 벌꿀에 대해 "마음속 나쁜 기운으로 인한 질병을 치료하고, 쉽게 놀라는 정신 불안이나 뇌전증(간질)의 발작을 가라앉힌다"라고 기술하고 있다. 또한 일본의 경우, 643년에 백제의 태자 여풍이 꿀벌 둥지 네 개를 야마토의 삼륜산에서 길렀으나, 끝내 번식하지 못하였다는 《일본서기》의 기록에서 양봉을 시도했다는 사실을 알 수 있다.

무화과에 대한 편애

인류는 각 토지에서 나는 열매에서 단맛을 얻었다. 종족 보존을 위해 동물과 새에게 씨앗의 운반을 맡기는 식물은 달콤한 향과 맛으로 동물과 새를 불러 모은다. 물론 인간도 마찬가지로 달콤한 열매에 이끌렸다.

자연에서 얻을 수 있는 단맛으로 굴, 말린 굴 등을 선호한 일본과 달리, 지중해 지역에서는 무화과, 말린 무화과가 대표적인 감미료였다. 장소를 바꾸면 물건도 달라지는 것이다. 지금부터 무화과에 관한 이야기를 해보려고 한다.

무화과는 아라비아반도 남부의 예멘 지방을 원산지로 하는 독특한 식물이다. 원산지가 아라비아반도인 식물은 매우 드문데, 예외적으로 무화과는 기원전 2000년경에 이미 이집트에서 재배되었다.

매우 흥미롭게도 고대 이집트에서는 무화과 열매에 있는 수많은 씨앗을 지식의 상징으로 여겨, 신관이 되고자 하는 사람이 무화과 열매를 먹으면 속계에서 성계로 이동한다고 믿었다. 맛에 탐욕적인 신관이 무화과의 달콤함을 독점하기 위해 만든 평계일지도 모른다.

지중해 항로를 개척한 페니키아인도 지중해를 횡단하는 항해의 휴대 식량으로 말린 무화과를 활용하였다. 건조시킨 무화과의 단맛에서 선원들은 아마 용기를 얻었을 것이다. 그리스에서도 달콤한 무화과를 곧잘 먹을 수 있었다. 아테네 전성기 시대의 희극 작가, 아리스토파네스는 "무화과보다 훌륭한 달콤한 음식은 없다"라고까지 말했다. 2세기경 로마에서 쓰인 아테나이오스의 《데이프노소피스타이 Deipnosophistae, 철학자들의 저녁 식탁》에는 "그런데 무화과는 말이지, 제군들. 세련되고 품위 있는 삶을 나타내는 선도자가 되었다

무화과

네. 아테나이인이 처음 무화과를 발견한 장소를 '무화과의 성소'라고 부르고, 또 무화과 열매를 '선도자'라고 부르는 것이 그 증거지. 식용으로 가장 먼저 발견되었고, 재배된 것이기 때문이야"라는 무화과를 좋아하는 남자의 말이 담겨 있다. 무화과에 대한 당시 사람들의 생각을 잘 나타내고 있다.

이러한 예찬의 말에서도 알 수 있듯 고대 그리스에서는 재생과 수확의 신 디오니소스에게 바치는 달콤한 무화과가 황금보다 더 귀중하게 여겨져, 신관이 잘 익었다고 확인할 때까지 무화과의 수확은 허가되지 않았다.

〈한 알에 300m〉라는 일본 과자 제조업체의 광고 문구처럼 4년에 한 번 개최되는 올림픽의 전신, 올림피아 제전에 참가하는 선수들도 말린 무화과를 중요한 에너지원으로 취급하였다. 무화과의 달콤함이 선수들에게 활력을 불어넣어 준 것이다.

고대 로마도 무화과와 깊은 관계가 있다. 이리의 젖을 먹으며 자란 것으로 유명한 로마 건국의 전설적인 영웅, 로물루스와 레무스 형제는 무화과나무의 그늘에서 태어났다고 전해진다.

03

쓴맛을 받아들인 문화

약과 독은 종이 한 장 차이

이제 막 태어난 어린아이는 쓴맛과 신맛을 매우 싫어한다. 왜냐하면 단맛과 짠맛이 인간의 생존에 필요한 식자재를 판별하는 미각인 데 반해, 쓴맛은 유독한 음식, 신맛은 부패한 음식을 식별하고 배제하기 위한 미각이기 때문이다. 원래 쓴맛은 신맛과 함께 음식을 거부하기 위한 미각이었다.

공자는 "좋은 약은 입에 쓰다"라고 말했다. 좋은 약이 쓰고 먹기 어려운 것처럼 진심으로 자신을 위해 생각해주는 충고는 정말 고맙지만, 듣기에는 고통스럽다는 의미다. 또한 '약과 독은 종이 한 장 차이', '약도, 독도 되지 않는다'라는 표현이 있다. 이들은 쓴맛을 가진 약초를 찾고 식별하는 경험이 쌓이며 탄생한 표현일 것이다.

의약과 음식은 근원이 같다는 '의식동원'의 사상을 가진 중국을 비롯한 한국과 일본에서도, 또 향신료와 허브를 묘약으로 생각하는 지중해 세계와 유럽에서도 사람들은 병을 극복하기 위해 쓴맛에 도전하며 여러 시행착오 끝에 유익한 약초를 선별하였다. 쓴맛은 이렇게 미각의 세계에 편입하게 되었다.

움직일 수 없는 식물은 동물로부터 몸을 보호하기 위해 잎사귀나 줄기에 동물에 해로운 '알칼로이드'라는 독소를 축적하고 있다. 하지만 모든 알칼로이드가 해로운 것이 아니라, 오히려 인간에게 유익한 작용을 하는 것도 있다. 대표적인 알칼로이드는 차茶의 카페인, 양귀비의 모르핀, 담배의 니코틴 등이다. 한방약을 생각하면 쉽게 이해할 수 있는데, 인류는 쓴맛의 세계에 과감하게 도전하면서 몸의 상처를 치유하고, 신체를 건강하게 하는 약효를 가진 식물을 끊임없이 찾아낸 것이다.

쓴맛을 식별하는 미각 세포는 혀의 가장 안쪽인 목과 비강 가까이에 있다. 그래서 쓴맛은 향과도 깊은 관계를 맺고 있다. 향도 미각을 구성하는 일부인 것이다. 인류는 후각을 동원해 유익한 쓴맛과 해로운 쓴맛을 구분했다. 그 결과 허브, 향신료 등이 인류의 역사에 모습을 드러내게 된 것이다.

04

자극으로써의 매운맛

매운맛의 챔피언, 마늘

매운맛은 헤닝의 4원미에는 포함되지 않고 혀와 구강 등에 주는 자극으로 여겨진다. 하지만 오래전부터 인류는 맛에 변화를 주는 매운맛을 즐겨왔다. 중국에서는 헤닝의 4원미에 매운맛을 더한 '오미五味'를 맛의 기본이라고 생각한다.

톡 쏘고 자극적인 매운맛을 대표하는 식자재는 향이 강한 백합과 식물인 마늘이다. 마늘의 원산지는 서아시아에서 지중해 연안이다. 4000년보다 훨씬 이전의 고대 이집트에서는, 세계에서 가장 큰 쿠푸왕의 피라미드를 건조할 때 노동자에게 강장제로 양파, 파등과 함께 마늘을 주었다. 참고로 쿠푸왕의 피라미드는 높이가 약

마늘

237m, 밑면의 한 변의 길이가 약 230m인 거대한 무덤으로, 약 20년 동안 10만 명의 노동자를 동원하여 축조되었다고 전해진다.

부장품인 황금 마스크가 유명한 제18왕조의 12대 왕, 투탕카멘(재위: 기원전 1347년경~기원전 1338년경)의 무덤에서는 나쁜 기운을 물리치는 말린 마늘의 알뿌리가 발견되었다. 메소포타미아 티그리스강의 고대 국가, 아시리아에서는 악마에게 홀리면 병에 걸린다고 믿었기에 신관이 불 속에 마늘 알뿌리를 던져 넣어 병의 치유를 기원하였다고 한다.

고대 그리스에서도 마늘은 신과 이어지는 채소라고 여겼다. 그리스인은 천상과 명계를 지배하는 여신 헤카테를 위해 십자로에 돌을 쌓았는데, 초승달이 뜨는 밤에는 헤카테를 위해 수많은 양의 마늘을 돌 위에 올렸다. 그리스에서는 명계와 마늘의 향을 결부시켜 생각했던 것이다. 밤마다 깨어나 사람의 피를 빨아들이는 흡혈귀 드라큘라는 아일랜드의 작가 브램 스토커가 쓴 괴기소설의 주인공으로, 그가 마늘을 매우 싫어하는 설정은 고대 그리스 이후의 발상에서 이어졌다고 할 수 있다.

추악한 로마 제국을 아름다운 로마로 바꾸기 위해 부하에게 방화를 명령해 큰 화재를 일으키고, 범죄가 발각되려 하자 그리스도교도에게 죄를 덮어씌워 엄청난 탄압을 받은 황제 네로도 마늘의 매운맛을 매우 좋아하여 마늘을 활용한 소스 '아이올리ailloli'를 고안할 정도였다. 참고로 로마 제국에서는 마늘이 정화 작용을 가졌다고 믿었다. 그래서 범죄자에게 매일매일 마늘이 제공되었으며, 그를 통해 죄를 정화시킬 수 있다고 생각했다. 마늘을 좋아하는 범죄자에게는 분명 상상도 못 할 후한 대우였을 것이다.

마늘은 십자군 병사에 의해 서유럽으로 전해졌다. 마늘의 강한 향기는 흑사병 등 역병에도 약효가 있다고 여겨져 만능 약으로 취급했다. 마늘을 의미하는 영단어 '갈릭garlic'의 어원은 끝이 창槍처럼 뾰족하다는 '갈gar'과 부추를 가리키는 '릭lic'의 합성어다. 참고로 프랑스어 '아일ail'의 어원은 켄트어 '알all'인데, 여기에는 '불타는 듯한'이라는 의미가 있다.

성스러운 매운맛, 양파

지금은 찌는 행위를 통해 매운맛을 제거해버리는 경우가 많지만, 양파도 오래전부터 자극취를 가진 매운맛 식자재로 이용되었다. 백합과인 양파는 페르시아 기원설, 지중해 연안 기원설, 중앙아시아 기원설 등이 있는데, 그중 페르시아 기원설이 가장 유력하다.

양파는 부추, 마늘 등과 마찬가지로 휘발 성분이 함유되어 있으며, 그 향이 피를 깨끗이 하고 흥분시키는 효과가 있고, 으깨어 생으로 먹으면 그 매운맛이 폐 질환, 감기, 소화, 살균 등에 좋다고 생각했다. 다만 마늘과 달리 양파는 가열하면 냄새가 남지 않기 때문에 더 편리하게 여겨졌다. 게다가 양파는 고기와의 궁합이 좋아 고기 특유의 냄새를 제거하는데 적합한 식자재였다.

양파라는 단어는 혹독한 환경에서 끝까지 살아남기 위해 잎사귀가 서로 겹쳐 포개지는 구슬과 닮은 모습에서 탄생했다고 한다. 양파를 가리키는 영단어 '어니언onion'의 어원은 라틴어로 '큰 진주'를 의미하는 '우니오unio'이며, 이 또한 양파의 모습에서 붙여진 이름이다.

긴 역사를 가진 양파는 기원전 18세기에 만들어진 〈함무라비 법전〉에도 주요 식량으로 등장한다. 고대 이집트에서는 양파의 단면이 규칙적인 동심원 모양으로 배열되었다는 점에서 우주의 완전성 혹은 영원의 상징으로 여겨졌다. 또한 양파는 조리하면 눈물이 나고, 양파의 매운맛이 공복감을 더 강하게 만든다는 점에서 성스러운 채소로 숭배되었다. 거대한 피라미드를 쌓아 올린 쿠푸왕 시대에는 마늘과 함께 건설 노동자의 주요 식량이었던 양파가, 이후에는 신성한 채소로 여겨져 일반인의 양파 섭취가 금지되었다.

참고로 양파를 자를 때 눈물이 나는 이유는 양파의 세포 속에 함유된 '알리인'이라는 물질이 세포 밖으로 나오면서 외부 효소와 화학 반응을 일으켜, 휘발성인 최루 물질로 변하여 황화합물이 눈물샘을 자극하기 때문인데, 원래 이는 곤충을 격퇴하기 위한 것이었다. 하지만 고대 이집트인에게는 설명할 길이 없는 신기한 현상이었다. 이후 그리스의 철학자 아리스토텔레스는 양파가

양파, 목판화, 1547년

눈을 자극하는 이유에 대하여 고찰하여 '양파krommyon'라는 그리스어가 '눈을'과 '닫다'의 합성어라는 점을 지적하고 있다. 이집트에서는 미라의 영혼이 영원히 살아있기를 기원하는 마음으로 손에 양파 묶음을 쥐여 주었다.

그리스인은 매운 양파를 매우 좋아했다. 호메로스의 서사시 《일리아스》에는 양파, 맑은 벌꿀, 다른 것이 섞이지 않은 순수 보리 음식이 와인의 안주로 등장한다. 시민들이 양파를 너무 좋아했기 때문에 아테네 거리의 곳곳에서는 양파 냄새가 났다고 한다. 마늘의 향과 똑같은 자극취가 마을의 공기가 되었던 것이다.

시민들은 병영 소집이 생기면 양파와 치즈, 소금에 절여 무화과 잎으로 싼 생선 등을 지참해서 나갔다. 참고로 아테네 최고의 전성기를 이끈 지도자 페리클레스(기원전 495~기원전 429)는 대리석으로 수호신 아테나를 위한 신전을 짓고 처녀의 집을 의미하는 '파르테논'이라는 이름을 붙인 인물인데, 그의 긴 머리 모양이 꼭 양파와 닮았기 때문에 '양파 머리'라는 별명이 붙여졌다. 이는 아테네에서 결코 나쁜 의미가 아니었다.

이슬람 세계에서도 양파는 인간에게 활력을 주는 정력제로 알려져 있으며,《아라비안나이트》에도 양파가 등장한다. 다만 이슬람 세계에는 아담과 이브를 유혹하고 그들에게 금단의 나무 열매를 먹게 하여 타락시킨 사탄(악마)이 에덴의 동산 밖으로 나갈 때, 왼발에서 마늘이, 오른발에서 양파가 탄생했다는 전설이 있다. 마늘과 양파의 강렬한 향기가 경원시 되었던 것 같다.

동쪽의 겨자, 서쪽의 머스터드

십자화과의 머스터드(겨자)는 고대 이집트에서 조미료, 화장용 연고, 향유로 사용되었다. 그리스에서도 머스터드는 조미료, 해독제로 사용되었으며, 철학자 피타고라스가 "머스터드만큼 뇌수와 코를 자극하는 것은 없다"라고 극찬할 정도였다. 머스터드는 매운맛 조미료로서 로마의 동부를 중심으로 제국의 전역에 퍼져 있었다.

머스터드는 으깬 흑겨자의 씨앗에 와인 제조에 사용하는 포도즙을 더해 페이스트와 같은 상태로 만든 향신료다. 머스터드의 씨앗 자체에는 매운맛이나 향기가 없지만, 씨앗을 분말 형태로 만들어 미온수를 섞으면 효소의 영향으로 분해 작용이 일어나 매운맛과 향을 얻을 수 있다. 머스터드mustard라는 영어의 어원은 '불타는 듯한 포도즙'을 의미하는 라틴어 '머스텀 알덴트mustum ardens'에서 왔다.

로마인은 머스터드 분말에 미온수를 더해 잘 섞은 후, 3분 정도 방치하여 아무것도 아닌 풀의 씨앗을 매운맛 조미료, 그리고 살균력이 강한 약제로 바꾸었다. 씨앗 안에 함유되어 있는 '시니그린'이라는 물질이 효소에 의해 가수분해되어 향과 매운맛을 만들어내는 것이다. 물을 넣고 반죽한 머스터드는 시간이 경과하면 향과 매운맛을 모두 잃어버렸다. 머스터드를 만들 때 포도즙이나 식초를 넣는 이유는 그에 의해 효소의 작용이 억제되어 매운맛을 비교적 길게 보존할 수 있기 때문이다.

중세 유럽에서는 겨울에 목초가 부족했기 때문에 11월 즈음 많은 수의 돼지와 양을 죽여, 엄청난 양의 월동용 염장 고기를 만들었다. 머스터드는 이런 소금에 절인 고기에 곁들이는 향신료로 중요하게 취급되어 유럽의 식탁에서 빼놓을 수 없는 매운맛 조미료가 되었다.

머스터드는 불교와도 깊은 관련이 있다. 밀교密教의 경전에 의하면, 《금강정경金剛頂經》이라는 경전은 석가모니의 입멸 후 수백 년 동안 철문과 쇠사슬로 잠긴 철탑에 가둬져 있었다. 그 누구도 철탑을 열지 못하였으나, 인도의 승려 나가르주나(2~3세기)가 부처를 생각하며 백겨자로 철탑을 두드리니, 문이 열려 안으로 들어갈 수 있었다고 기록하고 있다. 《아라비안나이트》의 〈알리바바와 40명의 도둑〉에 등장하는 '열려라 참깨'라는 주문이 떠오르는 이야기다. 당시에는 겨자에 마력을 제거하는 신비한 힘이 있다고 생각한 것이다.

중국과 일본에서는 호마법으로 가지기도(부처의 힘을 빌려 질병, 재난, 부정 등을 면하기 위해 하는 기도-옮긴이)를 할 때, 백겨자가 필요했다. 861년 일본 도다이지에서 대불개안회를 열었을 때, 천명 이상의 승려에게 공양료로 겨자도 함께 주었다고 한다. 일본에서 강력한 살균력을 지닌 머스터드가 매콤한 식초로 사용된 것은 무로마치 시대 이후의 일이다.

05

과일에서 얻을 수 있었던 신맛

미의 여신을 상징하는 매혹적인 산미의 사과

신맛은 4원미 가운데 가장 늦게 개발되었지만 맛을 지배하는 미각이라고도 불린다. 음식의 간을 알맞게 맞춘다는 뜻의 '염매塩梅'라는 단어에서 볼 수 있듯 신맛에는 맛을 변화시키는 성질이 있다는 것을 알 수 있다. 신맛이 더해지면 짠맛이 순해지고, 신맛에 단맛을 섞으면 단맛이 이기기 때문에 신맛이 약해진다. 또한 다양한 산미 중에는 기분을 상쾌하게 만들어주는 맛이 있다고도 알려져 있다. 산미는 주로 사과, 감귤류 등 과일에서 얻을 수 있었다.

새콤한 산미가 있는 사과는 페르시아와 북유럽 등에서 인기가 있었는데, 특히 고대 지중해 세계에서 사과는 엄청난 사치품이었다.

사과 나무의 꽃, 열매, 잎

사과의 산미가 매우 독특했던 것이다. 사과라고 해도 당시에는 지름이 몇 센티미터 정도로 매우 작았는데, 그 모습은 오늘날의 품종을 개량한 큰 사과와는 매우 다르다.

기원전 6세기 초, 아테네에서 전권을 위임받아 조정자가 된 솔론은 사과를 사치품, 바람직하지 못한 식품으로 취급하였다. 결혼식 때는 한 개만 먹고 참아야 하며, 하객으로 온 사람은 각자 구입하여 지참해야 한다는 공고까지 내렸다. 상큼한 산미는 서민의 손이 닿을 수 없는 사치스러운 맛이었던 것이다.

로마인은 식도락을 삶의 보람으로 여겼다. 시민 경제를 파산으로 이끈 연회의 지출을 제한하고 불필요한 사치를 억제하기 위해 사치 금지령도 여러 번 내려졌다. 그중에는 외부에서 감시할 수 있도록 창문을 열고 식사를 해야 한다는 조항이 있을 정도였다. 이렇게 식도락이 보람인 로마인이 연회의 마지막에 마무리로 먹었던 것이 바로 사과였다.

그리스 신화에는 산미를 가진 사과의 희소성을 반영하는 황금 사과 신화가 등장한다. 기원전 8세기경, 고대 그리스의 시인 호메로스는 트로이 전쟁을 소재로 한 서사시의 발단 부분에서 황금 사과를 다루었다.

트로이의 다른 이름인 '일리온'에서 유래한 《일리아스》에는 그리스 최고의 신 제우스의 아내 헤라, 아름다움의 여신 아프로디테(비너스), 지혜와 전쟁의 여신 아테네라는 세 명의 여신이 '가장 아름다운 신'에게 주어진다는 황금 사과를 둘러싸고 경쟁하는 장면이 등장한다. '아름다운 자'라는 칭호와 젊음은 신이든, 사람이든 아주 중요한 문제일 것이다.

펠레우스와 테티스의 결혼식에 초대받지 못해 분노한 불화의 신 에리스가 연회 자리에 '가장 아름다운 신께'라고 적힌 황금 사과를 던져 놓은 것이 분쟁의 발단이 된다. 젊음을 되찾을 수 있는 황금 사과와 '가장 아름다운 신'이라는 칭호를 둘러싼 다툼은 권력을 가진 헤라, 아름다운 미모의 아프로디테, 뛰어난 지혜의 아테네, 세 여신의 진검승부였다. 이 이야기를 현대식으로 해석하여, 청년이 권력, 미모의 반려자, 지혜 가운데 무엇을 선택할 것인지에 대한 이야기로 바꾸어보면 꽤 흥미롭다. 그렇다면 고대 그리스의 청년은 무엇을 선택했을까?

자존심이 높은 세 여신은 한 치의 양보도 없이 서로 경쟁했다. 세 여신은 여러 가지 약속을 하며 결정권을 쥔 젊은 목동, 파리스를 매수하려 했다. 헤라는 그에게 아시아 전역의 지배권을, 아테네는 모든 전쟁에서의 승리와 지혜를, 아프로디테는 인간계에서 가장 아름다운 여성을 아내로 주겠다는 약속을 비추었다. 결과적으로 젊은 파리스는 아프로디테가 약속한 아름다운 여성을 선택하였다. 확실히 젊음이란 그런 것이며, 청년에게는 아름다운 반려자를 얻는 것이 가장 중요할지도 모른다.

아프로디테에게는 영어로 큐피드라 부르는 사랑의 신, 에로스가 있었는데, 에로스의 황금 화살을 맞은 자는 격렬한 애정에 사로잡혔다. 아프로디테는 에로스를 통해 연애 감정을 자유롭게 조작할 수 있었다. 결국 황금 사과는 아프로디테의 손에 들어가게 되었다. 아프로디테는 아름다움의 신으로서의 체면은 지킬 수 있었던 것이다.

아프로디테는 약속대로 파리스에게 인간계에서 최고의 미녀인 스파르타의 여왕 헬레네를 주었다. 스파르타 왕궁을 방문한 파리스는 아프로디테의 도움을 받아 헬레네를 설득하고 납득시켜, 헬레네

파리스 의 심판
장 바티스트 르노, 1820년

와 함께 많은 재산과 보물을 훔쳐 트로이로 돌아갔다. 그러나 이는 그리스인을 분노하게 만든 계기가 되었으며, 결국 트로이 전쟁이 발발하고 말았다.

고대 그리스에서는 아프로디테를 한 손에 사과를 들고 있는 모습으로 표현하였다. 그 시점부터 새콤한 산미를 가진 사과에 최음 작용이라는 속성이 더해지게 되었다. 그리스어로 '아프로디시아코afrodisíaco'는 '최음적'이라는 의미이다.

영어로 '아프로디시악aphrodisiac'이라고 하는 최음제는 아프로디테에서 유래했다. 불의 신 헤파이토스의 아내였던 아프로디테는 군

신 아레스 외에도 디오니소스, 헤르메스, 포세이돈 등 많은 신과 사랑을 나누었으며, 미소년 아도니스와 안키세스를 애인으로 삼기도 했다. 사과를 반으로 가른 모습이 여성의 생식기와 닮았다고 하여 그런 발상이 탄생하였다고도 전해진다.

참고로 'croquer la pomme(사과를 베어 물다)'라는 프랑스 표현은 '유혹에 넘어가다'라는 의미를 갖고 있다. 원래 자연의 소생과 대지의 순환을 상징하던 사과에 회춘, 청춘, 사랑, 최음이라는 이미지가 더해진 것이다. 이는 사과의 달콤하고 새콤한 맛에 기인한 것일지도 모른다.

유목 페르시아인이 만든 파르티아 제국(기원전 248경~기원후 226)에서는 왕의 측근에 '죽지 않는 사람들'이라 불리는 1,000명의 근위병을 갖추고, 그들이 가진 창의 뾰족한 부분에 황금 사과를 매달았다고 한다. 죽지 않는 사과와 관련된 이야기는 페르시아에도 존재했던 것이다.

이야기를 더 거슬러 내려가서 이슬람의 연금술에서는 수은에 반응해 죽지 않는 금속을 만들어내는 작용을 하는 유황을 '황금 사과'라고 불렀다. 이는 고대의 황금 사과의 이미지를 계승한 것으로 보인다. 참고로 중국에서 페르시아로 전해진 복숭아는 알렉산드로스의 원정 시기에 그리스로 건너가면서 '페르시아의 사과'라는 이름이 붙여졌다.

다시 이야기를 돌아가서, 상큼한 신맛이 나는 사과는 북유럽에서도 매우 진귀한 과일이었다. 북유럽 신화에 등장하는 청춘의 여신 이둔의 사과는 먹는 사람들을 더욱 젊어지게 하는 힘이 있다고 여겨졌다. 사과는 달콤하고도 쌉쌀한 청춘을 상징하기도 했던 것이다. 청춘을 까마득히 잊고 지낸 사람은 사과의 힘으로 행복해지고 싶다고 간절하게 생각했을 것이다.

향기로 사랑받은 오렌지

산미가 강한 오렌지는 현재 세계적으로 가장 많이 재배되는 감귤류 과일 중 하나로, 원산지는 인도 북부이다. 인도에서 오렌지는 상큼한 맛보다 향기가 더 주목을 받아 '마음의 향수'라고도 불렸다. 오렌지의 어원은 산스크리트어인 나랑가Nāraṅga에서 왔으며, 그것이 아랍어 나란지nāranj가 되고 프랑스어의 오란지orange, 영어의 오렌지orange가 되었다고 한다. 오렌지의 향기가 상당히 매력적이었던 것이다.

오렌지는 종류가 매우 많다. 인도에서 중국으로 오렌지가 전해진 시기는 지금으로부터 매우 오래전인 4000년 전이다. 오랜 세월에 걸쳐 끊임없이 품종이 개량되어, 중국에서는 많은 종류의 오렌지가 탄생하였다.

남송 시대에 한언직이 쓴 《귤보》(1178)에서는 오렌지를 크게 감

오렌지를 그린
중국 송나라 부채 그림.

과, 귤과, 등자(橙)과로 나누고, 각 품종의 특색에 대하여 서술하였다. 감귤류에는 감과 8품종, 귤과 14품종, 등자과 5품종이 있다고 한다. 경제적으로 뛰어나게 발달했던 송나라 시대에는 각 지역에서 특산품인 오렌지가 다수 탄생하였다는 것을 알 수 있다. 일본에 오렌지가 건너온 시기는 나라 시대로, 하리마노아타히播磨直라는 인물이 중국 당나라에서 귤을 가지고 들어왔다고 전해진다. 또한 '밀감蜜柑'이라는 단어는 무로마치 시대에 명나라에서 유학하던 선승이 새로운 품종의 오렌지를 가지고 들어오면서 사용하게 되었다.

지중해 세계와 유럽에서는 오렌지의 산미가 크게 환영받지 못했으나, 오렌지의 상쾌한 향은 매우 인기가 높았다. 오렌지의 달콤하면서도 쌉쌀한 향이 호감을 준 것이다. 오렌지 중에서도 쌉쌀한 품종인 '등자나무'의 열매는 실크로드를 통해 파르티아 제국을 경유하여 시리아 지방에 이르렀으며, 향신료 상인이 로마에도 가지고 갔다. 아프리카 북부에는 등자나무 과수원이 조성되었으나 그 향기만 진귀하게 여겨지고 열매 자체에는 그다지 관심을 두지 않았다. 참고로 등자나무는 일본어로 '여러 대를 잇다'라는 의미의 '대대로'와 발음이 같다. 이는 열매가 쉽게 낙과하지 않아 수확하지 않으면 한 그루의 나무에 3대의 열매가 열린다는 매우 특이한 특징 때문에 '감사한 과일'로서 그러한 이름이 붙여졌다고 한다.

오렌지의 전파 경로는 명확하지 않지만, 이슬람 대상권이 구축되었던 시대에 동남아시아에서 생산된 껍질이 얇고 작은 오렌지는 레몬, 라임 등과 함께 바닷길을 통해 남중국해, 인도양, 홍해를 경유하여 지중해 연안으로 건너갔다. 십자군 원정이 이루어지던 12세기경이라고도 할 수 있다. '시넨시스sinensis'라는 이름이 있기 때문에 중국에서 품종 개량된 오렌지라고도 생각할 수 있다. 이는 이슬람 상인이 복숭아 등과 함께 오렌지를 중국 과일이라고 생각했기 때문에 붙여진 이름일지도 모른다.

이후 이베리아반도의 세비야 지방이 오렌지 재배의 중심이 되었는데, 이때도 오렌지의 열매 자체는 그다지 중요하게 생각하지 않고 향을 더 귀하게 여겼다. 그보다 더 진귀하게 여겼던 것은 오렌지꽃인데, 이는 오렌지 물의 원료가 되고 요리나 과자의 향을 내는 데 사용되었으며, 증류시켜 향이 진한 향수로 만들었다. 또한 잎에 함유된 오일도 과자의 향을 내는 데 사용했다.

16세기, 포르투갈인이 명나라의 해금 정책을 어기고 동아시아 해역에서 밀무역을 시행하면서 중국의 오렌지가 유럽에 전달되어 오렌지의 상큼한 맛이 좋은 평가를 받게 되었다. 온난한 지중해 연안에서 오렌지의 재배가 확장되고 품종 개량이 진행되었다. 프랑스의 루이 16세는 오렌지에 매료되어 베르사유 궁전 안에 오렌지 나무 온실을 만들었다고 한다.

에르난도 데 소토

대항해 시대가 되자 콜럼버스가 카리브 해역에 오렌지를 가지고 들어갔으며, 1539년에는 스페인 출신의 탐험가 에르난도 데 소토가 스페인령인 플로리다에서 오렌지 재배를 시작하였다. 플로리다는 쿠바의 수도 아바나에서 버뮤다 섬을 경유하여 스페인으로 향하는 스페인의 함대 갤리언 Galleon의 중계 지역이었는데, 선원들의 괴혈병을 방지하기 위한 비타민 C를 많이 함유하고 있는 오렌지의 생산지로도 적합했다.

플로리다의 오렌지는 대농장에서 생산하여 유럽으로도 수출하게 되었으며, 플로리다는 19세기 초, 미국 최대의 오렌지 생산지가 되었다.

  18세기 초에는 캘리포니아 수도회가 오렌지를 캘리포니아로 옮겨 심었다. 하지만 캘리포니아는 미국 동부나 유럽과 멀리 떨어져 있었으며 생산 규모도 작았다. 그런데 1880년대 냉동선이 보급되고 브라질로부터 네이블오렌지를 옮겨 심으면서 캘리포니아의 오렌지 재배는 급속도로 확대되었다. 하지만 현재 플로리다 오렌지의 90%는 오렌지 주스의 원료가 되고, 캘리포니아산 오렌지가 생식용으로 사용하고 있다. 오렌지는 먼 거리의 바다 네트워크를 이동한 것이다.

Ⅱ - 자연이 베푼 맛의 선물

III

세계로
확장되는
맛의 영토

1. 감칠맛을 끌어내는 발효

2. 바다가 생선장을 키웠다

3. 장막의 안은 발효의 무대

4. 소금과 후추가 기른 장(醬)

5. 알코올 발효와 식초의 탄생

6. 유산 발효와 치즈

01

감칠맛을 끌어내는 발효

발효는 '맛의 대혁명'

발효는 맛의 세계를 혁신하는 엄청난 발견이었다. 발효에 의해 맛의 세계는 범위가 넓어지고 깊이는 깊어졌다. 인간에게 발효는 매우 유익한 부패다. 식품의 부패는 미생물에 의해 일어나는 지극히 당연한 현상이며, 일상생활의 어느 곳에도 존재한다. 인류는 경험적으로 미생물의 부패 작용을 이용해야 한다고 깨달은 것이다.

발효fermentation란 인류에게 유용한 작용을 하는 곰팡이, 효모(이스트), 세균(바이러스) 등 미생물(유익균)의 이로운 분해 작용을 통제하는 미시적 세계에서의 현상이다. 물론 맨눈으로 유용한 미생물을 식별할 수 없으며, 곰팡이를 식별하기 위해서는 배율 100~150배, 효모는 배율 400~600배, 세균은 배율 1,500~2,000배의 현미경이 필요하다. 인류와 발효의 만남은 굉장한 우연이었으며, 인류는 경험적으로 발효에 의한 맛을 축적해왔다.

부패나 발효가 무엇인지 몰랐던 시대에는 방치된 식품을 먹고 복통과 설사가 일어나는지 여부에 따라 유용한 발효와 해로운 부패를 식별했다. 부패한 식품을 용기 내어 먹어 보고, 냄새와 외형은 나쁘지만 맛은 더욱 좋아졌다는 사실을 깨달은 순간, 맛의 세계가 확장되었다. 미생물이 가진 효소의 작용으로 새로운 감칠맛과 향미가 올라온다는 사실을 이해한 것이다.

발효는 자연계의 흔한 현상이지만 미묘한 단계에서 발효를 멈추면 맛의 깊이와 복잡함, 감칠맛이 더해진다. 무엇이 발효 식품이 될 수 있는지를 결정하는 것은 주관적인 미각이었다. 이상한 냄새를 풍기는 낫토나 블루치즈도, 맛있어지는 발효 식품도 악취를 풍기는 부패물로 간주될 수 있는 것이다.

자연계에서는 포도, 야자, 벌꿀 등 당분이 많은 식자재가 자연 상태로 발효하기 쉬웠기 때문에, 맛의 세계에는 일찍이 와인, 야자 주palm wine, 벌꿀 술mead이 등장했다. 발효는 농업보다 더 역사가 깊은 것이다.

어로와 유목으로 살아가는 사람들에게는 짧은 기간에 대량으로 수확한 생선과 고기를 부패로부터 지키기 위한 방법이 굉장히 큰 과제였는데, 이로 인해 소금을 활용한 보존법이 연구되었다. 식자재의

맥아 및 보리 가루에 관한
설형 문자

발효를 소금으로 통제하려고 한 시도가 젓갈, 생선장魚醬, 절임 등 새로운 짠맛의 세계를 탄생시켰다. 소금이 충분히 확보되지 않는 지역에서는 건조, 훈증으로 부패를 억제하고 미생물의 작용을 통제하여 가다랑어포 등의 새로운 맛을 만들어냈다. 또 염소나 양, 소의 우유도 유산균의 작용으로 요구르트나 치즈로 가공되었다.

보리, 밀 등을 먹는 사람들은 그 딱딱한 껍질을 제거한 가루로 빵을 만들었는데, 재워두었던 생지에 우연히 효모가 혼입하게 되면서 발효 빵이 탄생하였으며, 빵에 타액이 첨가되면서 맥주로 바뀌었다. 쌀과 조를 먹는 사람들은 취사한 밥에 생긴 곰팡이 가운데 누룩이라는 유용한 곰팡이가 있다는 사실을 발견하고 술과 장을 만들었다.

1935년 이라크에서 발굴된 '모뉴망 블루'라는 두 장의 점토판은 지금으로부터 5000년 전에 농업과 풍요의 여신에게 바치기 위해 만들어졌는데, 여기에는 탈곡과 맥주 제조를 위해 긴 막대기로 항아리를 젓고 있는 인물의 모습이 새겨져 있는 것으로 유명하다. 또 그림 주위의 설형문자를 통해 당시 맥주 제조에 대맥의 맥아를 사용했다는 사실이 밝혀졌다. 문명의 탄생기부터 발효가 맛의 형성에 이용되었다는 것을 알 수 있다.

맛을 세련되게 만드는 미생물

인간은 미생물에 분해하기 위한 유기물(먹이)을 내주어 에너지의 획득을 돕고, 그를 통해 감사하게도 발효 식품을 얻는다. 즉 인간은 미생물에 먹이와 인공적인 환경을 제공하여 그들이 활동하도록 하는 것이다. 미생물은 적절한 환경이 주어지면 생존과 번식을 위해 활동을 폭발적으로 증가시킨다. 일본의 발효학자 고이즈미 다케오는 저서 《발효》에서 "발효 직전의 포도 껍질에는 1그램당 대략 10만 개의 효모가 있는데, 발효가 일어나고 24시간이 되었을 때는 효모가 약 400배인 4,000만 개, 그리고 48시간이 되었을 때는 약 2,000배인 2억 개로 증가한다. 미생물은 알맞은 생육 환경을 찾으면 그 수를 천문학적으로 증가시키는데, 이는 포도주 발효의 사례에서 잘 이해할 수 있다"라며 미생물의 뛰어난 활동을 서술하고 있다.

발효는 술, 장, 된장, 간장, 식초, 치즈, 요구르트 등 친숙한 식품들을 식탁에 제공하여 짠맛, 단맛, 신맛, 쓴맛을 다양화하였다. 현재 세계적으로 1,000가지 이상의 발효 식품이 존재한다고 한다. 발효를 제외하고는 맛의 세계사를 이야기할 수 없는 것이다.

발효 식품 가운데 비교적 간단하게 만들 수 있는 건어물, 매실 절임, 채소 절임, 나레즈시(염장 생선을 밥과 함께 절여 저장한 식품으로 초밥의 원형이 된다) 등을 요리의 범주에 넣어도 될지는 모르겠지만, 미생물을 골라 활동할 공간을 제공하여 원하는 식품을 손에 넣는 행위는 일반적으로 생산 활동으로 간주하고 있다.

02

바다가 생선장을 키웠다

젓갈을 숙성시킨 생선장

생선을 보존하는 방법에는 건조법과 염장법이 있다. 염분을 포함한 채 건조하는 것은 가다랑어포 등의 건어물이 되고 염장을 하면 젓갈이 되며, 그보다 더 모양이 망가지면 액체 형태의 생선장이 된다. 식품의 보존을 위해 소금을 사용하였지만, 사람들은 오히려 소금에 의해 부패가 억제되어 맛이 변하기 시작한 식품도 맛이 훌륭하다는 사실을 깨닫게 되었다.

생선장은 바닷물고기, 어란, 조개, 새우, 게, 모든 민물고기를 소금에 절여 발효시켜 재료의 원형이 남지 않을 정도로 액체화된 조미료를 말한다. 다르게 말하면 젓갈을 숙성시키면 만들어지는 조미료라고 할 수 있다. 아마 의도치 않게 오랜 기간 방치하여 강렬한 냄새를 풍기는 젓갈 국물을 용기 내서 핥아 보고, 눈이 번쩍 뜨이는 훌륭한 짠맛을 발견하였을 것이다.

생선장은 20~50%의 소금을 더해 어패류의 부패와 단백질의 분해를 억제하여 짭짤함과 생선 단백질의 농후한 감칠맛을 훌륭하게 혼합한 만능 짠맛 조미료다. 최근에는 슈퍼마켓의 선반에도 생선이나 새우를 원료로 한 태국의 넘 플라num pla, 정어리의 친구 까 껌ca com, 갈고등어와 비슷한 전갱이, 날치 등 다양한 종류의 생선으로 만든 베트남의 느억 맘nuoc mam, 새우로 만든 인도네시아의 테라시 terasi 등 다양한 생선장이 진열되어 있다.

생선장은 동남아시아 메콩강 유역의 태국, 베트남, 캄보디아, 라오스 등의 나라에서 시작되었다. 우기에 대량으로 잡히는 민물고기를 소금에 절여 생선장을 만든다. 장과 생선장은 머지않아 벼농사와 함께 중국으로 전달되었으며, 7~8세기에는 일본에서도 만들게 되었다. 도루묵으로 만든 아키타 현의 숏쓰루(어간장), 오징어로 만든 이시카와 현 노토반도의 이시루, 까나리를 사용한 가가와 현의 이카나고 쇼유(까나리액젓), 가다랑어를 사용한 가고시마 섬의 가다랑어 간장 등이 일본의 대표적인 생선장이다.

참고로 일본 무로마치 시대에는 생선장을 '우오비시오'라고 하였는데 여기에서 젓갈을 의미하는 일본어인 '시오가라'가 탄생하였으며, 에도 시대에 이르러 '塩辛(시오가라)'라는 한자를 사용하게 되었다. 한국에서 '젓갈'이라고 부르는 시오가라는 일본에서도 식탁에서 빼놓을 수 없는 반찬과 조미료이다.

또한 일본에서는 맛을 내기 위해, 생선장에 소금뿐만 아니라 만능 발효 곰팡이인 누룩을 첨가하였다. 숏스루를 예로 들면, 도루묵에 소금, 밥, 누룩, 심지어 마늘과 순무, 유자, 다시마까지 첨가하여 나무통에 넣어 뚜껑을 닫고, 무게를 올려 2년에서 5년 정도 숙성시키면 생선의 비린내가 제거되고 훌륭한 짠맛이 완성된다.

일본의 식탁에 자주 올라오는 오징어젓갈, 나레즈시 등은 생선장의 흔적이라고 볼 수 있다. 일본에는 간장 문화 이전에 독특한 향을 지닌 생선장 문화가 존재하고 있었다.

안초비는 조미료

인구 100만 명 정도로 추정되는 로마 제국의 수도, 로마에는 보존을 위해 소금에 절인 사르데냐의 정어리sardine, 시칠리아 섬의 참다랑어, 흑해의 숭어, 이집트에서 잡은 생선 등 다양한 종류의 생선이 지중해 각지에서 모여들었다. 소금에 절인 생선은 맛있는 음식이자, 동시에 약으로도 여겨졌다. 로마인은 소금에 절인 많은 양의 생선을 유통해 큰 이익을 얻었는데, 처리 후 남겨진 생선 부스러기에 작은 물고기와 소금을 추가하여 '가룸garum'이라는 생선장을 만들었다. 이는 최초의 젓갈이라고도 할 수 있는데, 가룸을 숙성하면 코를 찌르는 악취가 따르지만, 요술 지팡이처럼 요리의 맛을 훌륭하게 바꾸는 짠맛 조미료가 된다는 사실을 깨달은 것이다.

가룸은 소금물에 멸치 등의 생선과 새우를 넣고 2~3개월 동안 발효와 숙성, 여과시켜 만든다. 로마인은 건강에 필요한 모든 성분이 가룸에 함유되어 있다고 생각하였으며, 다양한 재료를 혼합하여 '만능 약'으로 이용하였다.

오늘날 쉽게 접할 수 있는 안초비 통조림은 소금과 향료를 넣고 6개월 이상 발효시켜 만든다. 비유하자면 '젓갈'과 같다고 할 수 있는 안초비는, 가룸을 사용하던 시대의 흔적으로 볼 수 있다. 이탈리아 남부, 프랑스 남부 등에서는 숙성시킨 멸치류 등 작은 물고기의 소금 절임이 소스의 풍미를 끌어올리는 조미료로서 샐러드, 피자, 파스타에 이용되고 있다. 인도의 조미료를 모방하여 만든 영국의 우스터 소스에도 맛을 내기 위해 안초비의 소금 절임이 추가되어 있다. 참고로 바스크어인 안초비는 건어물을 의미하는 '안초바 anchova'에서 바뀐 이름이다.

안초비

지중해 각지에서 발견된, 가룸의 결정이 달라붙은 암포라(고대 그리스·로마 시대에 사용한 몸통이 불룩 나온 긴 항아리)를 통해 가룸은 기원전 5세기경부터 조미료로서 지중해를 오갔다고 추측할 수 있다. 가룸은 멸치류의 작은 물고기, 또는 청어의 내장을 소금에 절인 후 햇볕을 쬐어 부패시키고, 향기로운 풀을 바짝 졸인 액체를 넣어 걸쭉해진 액체가 만들어지면, 그것을 여과시켜 완성한다.

신기하게도 가룸 2~3방울로 요리의 맛은 완전히 바뀐다. 감칠맛과 짠맛을 동시에 즐길 수 있는 것이다. 당연히 로마인은 요리에 소금을 뿌리는 것보다 몇 방울의 가룸을 더 선호했는데, 그들은 고기와 생선뿐만 아니라 과일에도 가룸을 뿌렸다. 가룸은 로마인의 짠맛을 더욱 세련되게 만들었지만, 당시 로마의 시장과 집에서는 어떤 냄새가 났을지 매우 궁금하다. 하지만 혀가 코를, 맛이 냄새를 차단하는 것처럼 아피키우스의 요리책 레시피에서 생선장은 소금보다 더 많이 등장한다. 아피키우스는 벌꿀, 신선한 어린 가지, 신선한 햇와인으로 가룸의 악취를 억제할 수 있다고 서술하고 있다.

갈리아 남부(프랑스)와 이베리아(스페인)의 지중해 연안에 가룸 업자가 집중되었는데, 7~8세기에 걸쳐 이슬람교도의 대정복 운동으로 지중해가 이슬람의 바다로 바뀌자, 그리스도교 세계의 중심이 아랍 이북의 내륙으로 이동하면서 가룸의 사용이 급속도로 쇠퇴하게 되었다.

03

장막의 안은 발효의 무대

소금이 끌어내는 고기의 감칠맛, 소시지

소금을 활용하여 고기의 부패를 억제하고, 동시에 감칠맛을 은근하게 끌어낸 것이 바로 서민의 식품, 소시지다. 소시지는 건강한 동물의 창자 껍질을 사용한 발효 식품으로, 좁은 장벽 안에서 생고기에는 없는 감칠맛이 생겨난다. 소시지 제조의 깊은 역사는 지금으로부터 5000년 전의 메소포타미아에서 시작했다. 참고로 고대 중국에도 소금을 사용한 햄과 비슷한 '함(鹹)'이라는 음식이 있다.

육식 중심의 세계였던 유럽에는 셀 수 없을 정도로 다양한 소시지가 있으며 슈퍼마켓의 정육 코너에서도 다채로운 소시지를 잘라 판매한다. 참고로 소시지의 어원은 라틴어로 소금을 의미하는

'sal(살)'에서 파생된 '살수스salsus'라는 단어이다. 이는 '소금을 친 고기'라는 뜻이다. 또 암퇘지를 가리키는 '사우sau'와 허브의 한 종류인 '세이지sage'의 합성어라는 의견도 있다.

참고로 세이지라는 허브는 돼지고기의 냄새를 제거하기 위해 꾸준히 사용되었다. 꿀풀과 식물인 세이지는 샐비어salvia라고 불리기도 하는데, 인도에서 건조시킨 향신료가 들어오기 이전부터 만능 약초로 선호되었다. 로마인은 향기가 좋은 세이지를 앞마당에 심으면 죽는 사람이 없어진다고 믿었다.

소시지의 본고장 독일에서는 '소시지'라고 부르면 통하지 않는다는 이야기를 자주 들을 수 있다. 소시지는 영어이며, 독일어로는 '부르스트wurst'라고 부른다. 부르스트의 어원은 '뒤얽히다, 뒤섞다'라는 의미의 게르만 조어, 'worst'이다. 부르스트는 소시지와 의미는 같지만 언어의 계보는 다르다. 16세기에는 암염의 알갱이가 옥수수 알갱이와 비슷했기 때문에 소금 절임을 '코닝corning'이라고 불렀다. 콘비프corned beef라고 부르는 염장 고기는 주로 미국과 영국에서 즐겨 먹는다.

소시지의 역사

소시지의 역사는 '돼지의 넓적다리 살'이 어원인 햄의 역사보다

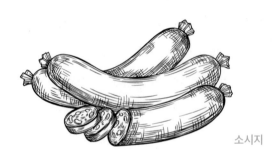

소시지

도 길다. 기원전 8세기에 기록된 호메로스의 서사시 《오디세이》에 비계와 피를 채운 염소의 위(오늘날 혈액 소시지, blood sausage)가 등장하는 것으로 보아, 그리스에서 폴리스 사회가 성립할 시점에는 이미 소시지가 존재했다고 추측할 수 있다. 소시지는 병사들의 귀중한 휴대 식량이기도 했다.

로마 시대에는 고기를 천장에 매달아 연기로 그을리는 훈제 소시지를 만들었으며 소시지의 맛도 다양화되었다. 4세기 로마의 황제 콘스탄티누스(재위: 306~337)는 소시지가 너무 맛있어서, 이도교적 음식으로 정하고 서민이 먹지 못하도록 금지했다. 로마인이 먹는 소시지에 들어가는 돼지고기를 서유럽 선주민이었던 갈리아인이 공급했기 때문이다.

갈리아인은 떡갈나무 숲에 돼지를 방목하고 로마인에게 배운 방법으로 소시지를 만들었다. 한랭한 기후이기 때문에 곡물의 생산력이 낮은 중세 유럽에서는 겨울에 돼지를 기를 수 없어, 11월경에 많은 돼지를 죽여 소금에 절인 고기로 보존하였다. 그러나 염장한 고기는 오랜 기간 보존하면 지독한 악취가 나기 때문에 소시지나 베이컨으로 가공할 필요가 있었다. 소시지는 햄과 베이컨을 만들고 남은 고기를 이용했기 때문에 서민에게 더욱 친숙한 식자재가 되었다.

'대항해 시대' 이후, '신대륙'으로부터 한랭하고 거친 땅에서도 재배할 수 있는 감자가 들어오면서 소시지와 감자는 독일 가정의 식탁의 중심을 차지하게 되었다. 유럽에는 각 지명을 따라 붙인 수많은 소시지가 존재한다.

04

소금과 후추가 기른 장(醬)

반찬에서 조미료로 변신

대두와 곡류로 만든 장을 조미료로 이용하는 나라는 중국, 한국, 일본의 동아시아 세계뿐이다. 장은 다른 지역에서는 쉽게 찾아볼 수 없는 만능 조미료로서 다양한 요리의 맛의 기본이 되고 있다.

하지만 원래 장은 조미료가 아닌, 소금을 첨가하여 고기와 생선의 부패를 억제하고 발효시켜 만든 반찬이었다. 여기에 차츰 소금뿐만 아니라 후추도 첨가하고, 재료가 콩과 조, 보리, 밀 등으로 확대되면서 발효 조미료의 모습으로 변화하였다. 술을 발효시킬 때 사용하는 누룩이 동아시아 고유의 맛있는 짭짤함을 만들어낸 것이다.

중국, 한국 등에서 사용하는 누룩은 곡류를 물로 반죽한 생지에

곰팡이를 착생시킨 떡과 같이
단단한 떡누룩(병국)이다. 반면
일본에서는 떡누룩이 아닌, 증
자한 곡물에 나는 흩임누룩(산
국)을 사용한다. 이것이 일본
만의 고유한 맛의 원천이 되고
있다.

중국에서는 콩, 곡류, 고기,
어패류 등을 발효시켜 만든 식
품과 조미료를 모두 '장'이라
고 부른다. 발효 식품의 총칭
이라고 생각하면 된다. 일본의

일본 농업 백과사전의 대두삽화

간장은 새로운 조미료로, 된장과 비슷한 것이 장이며, 재료에 따라
각각의 맛과 향미가 있다. 장은 고대 요리에서 주도적 지위를 차지
하고 있었다는 점에서 이름에 '장醬'이라는 한자가 붙었다고 한다.

지금으로부터 약 3000년 전인 주나라 시대의 중국에서는 조의
누룩을 사용해 고기와 생선 등의 장을 만들어 반찬으로 하였다. 당
시의 장은 야생 동물, 가축, 생선의 젓갈이었으며 살과 뼈를 으깨 항
아리에 담은 후, 소금과 후추를 더해 숙성시킨 것이었다. 바로 육장
과 생선장이다. 조미료라고 하기보다 오히려 반찬에 가까웠다.

장의 종류는 매우 풍부했다. 주대의 관제를 기록한 책《주례》에

서는 왕의 식탁에 나열된 장이 120종류에 이르렀다고 한다. 공자의 《논어》에서도 "요리에 어울리는 장이 없으면 먹지 않는다"라고 하였다. 그만큼 식사에서 '장'을 빼놓을 수 없었다는 것이다.

소금과 함께 사용된 누룩이 고기와 생선의 감칠맛을 끌어내는 역할을 한다. 중국 전한 시대에는 대두와 밀가루 등을 원료로 하는 곡장도 만들었다. 곡물과 콩을 원료로 하는 장에는 노란 콩으로 만드는 황장, 밀가루로 만드는 춘장 등이 있다. 소금과 누룩이 빚어낸 맛이 정착되고, 장은 짠맛 조미료로써 요리를 다채롭게 만들었다.

기원전 11세기, 중국 주나라 시대에서는 황하 유역에서 이미 대두가 재배되고 있었다. 누룩을 이용해 대두를 발효시켜 된장과 비슷한 황장을 제조하는 기술은 이미 전한 시대에 보급되었다고 할 수 있다. 전한 무제 시대에 사마천이 저술한 《사기》의 〈화식열전〉에는 교통이 편리한 대도시에서 술과 황장의 소비량이 많아 그를 취급하는 상인들은 대부호가 됐다고 적혀 있다.

530~550년 사이에 완성되었다고 추측하는 중국의 농업기술서 《제민요술》에는 대두를 원료로 하는 장 이외에도 육장, 생선장, 밀장, 느릅장, 새우장 등 10가지 이상의 장을 언급하고 있다. 오늘날 중국에서는 고기와 생선 등 재료를 부식시킨 장의 모습은 사라지고 대두를 사용한 조미료인 황장, 춘장, 두반장 등 된장과 비슷한 조미료가 중심이 되고 있다. 굴 소스 등 페이스트형 조미료도 장과 비슷하다고 할 수 있다.

맛의 어머니가 되는 된장과 간장

일본에는 아스카 시대에 대두나 곡류에 소금과 누룩을 첨가하여 발효시킨 장의 제조 방법이 전달되었다. 아스카 시대에 제정된 다이호 율령(701)의 대선직에서는 '未醬(미쇼)'라는 대두 발효 식품의 이름을 발견할 수 있는데, 이것이 '味曾(미소)'가 되고, 이후 '味噲(미소)'가 되었다는 것이 통설이다. '미쇼'이란 '장醬'의 이전이라는 의미이다. '미未'에 부수를 추가하고 '장醬'이라는 한자를 '증曾'으로 바꾸었으며, 다시 부수를 추가하여 '味噲미소'라는 한자가 되었다.

된장은 담백한 단맛을 가진 쌀밥과 잘 어울리는 짠맛 조미료로 보급되었다. 아스카 시대에는 장원醬院 제도가 설치되어 장의 관리를 맡은 직원과 지급하는 재료도 정해져 있었다고 한다. 참고로 된장은 나라 시대에 당나라 승려 감진이 가지고 들어왔다는 설도 있다.

일본에서 된장은 처음에 '밀조密祖' 또는 '고려장高麗醬' 등으로 불렸다고 한다. 당시 조선에서 장을 밀조(미소)라고 했기 때문에 어쩌면 된장을 의미하는 '미소'라는 일본어는 조선에서 건너온 것일지도 모른다. 일본에서는 스스로를 칭찬하는 '자화자찬'을 집에서 직접 만든 된장의 맛을 자랑스러워한다는 것에 비유하여 '手前味噲(수제된장)'이라고 표현한다. 다른 식자재에 맛과 향이 깊게 배어 훌륭한 조화를 연출하는 된장은 각 지역에서 제조되면서, 다양한 된장 문화가 탄생하게 되었다. 참고로 된장에는 대두를 삶아 만드는 백된장과 대두를 쪄서 만드는 적된장이 있으며, 각각 간사이와 간토 지방에서 선호되고 있다. 이러한 점에서 당나라에서 건너온 원래의 된장은 백된장에 가깝지 않았을까 추측한다.

된장은 1460년대에 국물 형태로 서민의 일상생활에서 상용되었다. 또한 소금이 적은 도호쿠 지방과 산악 지방에서는 된장이 전쟁 시 무사의 휴대 식량으로 여겨져 많은 연구가 이루어지게 되었다.

간장(醬油)은 된장에서 파생된 조미료로, 여기에서 '油(유)'는 액체를 의미한다. 먼저 대두를 삶고, 그 물을 약한 불로 계속 조려 농축시킨 것이 간장이었던 것 같다. 후한 말기에서 송나라 시대에 걸쳐 장청(醬淸)이나 장즙(醬汁) 등 된장에서 배어 나오는 국물을 이용했는데, 이는 어디까지나 된장을 제조할 때의 부산물에 지나지 않았으며, 널리 보급되지는 않았다. '장'에는 질척질척한 질감이라는 이미지의 영향이 남아있던 것이다.

중국에서는 명나라와 청나라 시대에 '간장'이라는 단어를 사용하며 독자적인 조미료로 취급하였다. 일본의 경우, 가마쿠라 전기인 1254년에 송나라 수행에서 돌아온 선승, 가쿠신覺心이 킨잔지미소經山寺味噲의 제조 방법을 가지고 들어왔다. 킨잔지미소는 볶은 대두에 보리누룩과 소금을 섞고 월과와 가지를 잘게 썰어 넣은 후, 누름돌을 얹어 발효시킨 된장이다. 가쿠신이 물이 맛있는 기슈 지방의 유아사에서 마을 사람에게 된장의 제조 방법을 알려줄 때, 된장을 담은 통의 바닥에 눌어붙은 짙은 색의 국물이 매우 맛있다는 것을 깨달았는데, 그 이후 '진간장'이 만들어지게 되었다.

간장은 무로마치 시대에 교토 5대 사찰의 승려들 사이에서 발달한 할팽 요리(신선한 제철 식자재를 칼과 불을 이용해 맛을 극대화하는 조리법)나 가이세키 요리(다양한 음식이 조금씩 차례대로 나오는 일본의 연회용 코스 요리)와 결부하여 일본의 독자적인 요리 문화의 바탕이 되었다. 간장은 생선의 생식이나 냄비를 사용한 국물 요리에 적합했다. 일본에서는 짠맛을 소금보다 간장과 된장에 의지하는 경향이 강했다. 16세기에 중국의 간장 제조법이 일본에 전해졌는데, '간장'이라는 단어는 무로마치 시대 중기부터 사용하기 시작했다고 전해진다.

에도 시대 초기까지 간장은 주로 사카이 지역에서 생산되어, 오사카에서 현재의 도쿄인 에도까지 진간장과 묽은 간장을 회송했다. 하지만 에도 시대 중기에는 효고 현 니시노미야와 다쓰노, 지바 현 노다와 조시 지역에서 제조된 간장이 배로 운반되어, 각 지역에서 이용하였다. 대두로 만든 간장은 일본을 대표하는 짠맛 조미료로서 메밀국수, 가락국수, 초밥, 튀김, 어묵 등의 맛을 완성하고 있다.

중국 장 문화의 영향을 받은 한국에는 간장과 된장은 물론, 쌀, 보리에 고추와 누룩을 첨가하여 발효시킨 고추장이 있다. 이 세 가지 재료에 마늘, 고추, 참깨 등을 추가하면 한국 요리의 기본적인 조미료가 된다.

일본의 간장soy sause은 머지않아 네덜란드 상인에 의해 '콤프라 간장金富良醬油'이라는 이름으로 유럽에 건너가 세계적인 조미료의 지위를 획득해 나갔다. 그리고 20세기에 세계적인 조미료의 자리에 오르게 되었다. 오늘날 미국에서만 한 해에 10만 킬로리터의 간장을 소비한다고 한다.

05

알코올 발효와 식초의 탄생

취기와 독특한 풍미를 주는 알코올음료

포도로 만드는 와인이나 곰팡이 등을 사용해 곡물을 당화시킨 후 발효한 맥주, 일본주 등의 술은 쌉쌀한 맛뿐만 아니라 코로 느낄 수 있는 휘발성 자극, 알딸딸하게 술에 취하는 감각을 인류에게 제공하였다. 알코올음료의 맛은 기본적으로 자극성이 강한 쓴맛이지만 그 향과 취하는 느낌은 매우 독특했다. 취기를 수반하는 새로운 맛이었던 것이다.

술에 취해 일상생활에서 이탈하는 과정과 술에 취한 후의 취기가 미각의 세계를 혁신했다. 인류는 술의 자극성에 매혹당해 음주에 대한 특별한 욕망을 품게 되었다. 효모를 발효해 만드는 맥주와 일본

주는 소금기를 뺀 간장 맛에 가까웠는데, 취한다는 느낌이 매우 강렬했다. 일본에서는 노동을 중심으로 하는 일상적인 날인 '케'와 설날이나 추석 등의 비일상적인 날인 '하레'를 구별하는데, 술은 그중 하레에 곁들였다. 하레는 음주에 대한 욕망을 해금하는 특별한 날로 자리를 잡은 것이다.

예로부터 식탁의 포인트로 이용된 부식품이 과실주의 대표라고 할 수 있는 와인이다. 메소포타미아 문명의 기초를 만든 수메르인은 인간이 '신의 피(와인)'와 흙이 섞여 만들어졌다고 생각하여 생명과 와인을 결부시켰다. 인간은 '술에 취함'으로써 신에게 지식과 비밀 의식을 받을 수 있다고 생각했던 것이다.

고대 이집트에서는 맹렬하고 사나운 사자가 되어 인간의 혈육을 탐내는 신 '하토르'로부터 인간을 보호하기 위해 태양신 라Ra가 피의 색과 똑같은 와인을 만들었다고 전해진다. 또 호르스의 아버지이자 농경의 신 오시리스가 와인을 만들었다는 이야기도 있다. 와인은 '라의 땀' 혹은 '호르스의 눈물'이라고 부르며 신과 깊이 관계하고 있다.

고대 그리스인은 아침 식사로 잘게 찢은 빵에 와인을 적셔 먹었다. 와인이 하나의 식자재였던 것이다. 그리스어로 아침 식사를 의미하는 '아크라티스마akratisma'는 순수하다는 의미의 '아크라토스akratos'에서 파생되었으며, 다른 것과 섞이지 않는 와인에 유래하고 있다. 와인을 음료로 마시던 시기의 그리스에서는 와인을 물, 바닷물, 타르, 수지, 석회, 대리석의 가루 등에 타서 마시는 것이 일반적

수확 후 포도즙을 짜는 모습, 14세기

이었다. 와인을 그대로 마시는 것은 야만으로 취급되었던 것이다.

맥주는 약 5000년 전, 수메르인이 물에 빵을 넣고 방치해 두면서 우연히 발견하였다. 그들은 엠머밀을 사용한 '시카루'라는 맥주를 만들었다는 사실이 밝혀졌다. 중국에서는 우왕禹王의 신하 의적儀狄이 곡물을 원료로 하는 술을 발명하였으며, 두강杜康이라는 인물이 그것을 완성하였다. '술을 만드는 기술자'를 '토우지杜氏'라고 하는 이유가 여기에 있다.

알코올음료는 식자재의 풍미를 높이거나 고기의 냄새를 제거할 때, 적은 양으로 고기를 부드럽게 하고 고기를 절일 때 등 요리에도 사용되었는데, 어디까지나 식탁에서 요리를 돋보이게 하는 역할을 주로 한다.

부패가 만들어낸 식초

맛의 세계에서 신맛은 가장 늦게 개발된 미각이었다. 왜냐하면 일상생활에서 그다지 필요하지 않은 맛이었기 때문이다. 인류는 토지에서 사과, 라즈베리, 감귤류, 매실 등의 과일과 산모酸模, 호장虎杖과 같은 풀을 통해 계절의 산미를 맛보았을 뿐이었다. 신맛이 '식초'라는 조미료로 본격적으로 등장한 것은 와인과 술이 등장하고 얼마 지나지 않은 시점이다.

식초는 술을 내버려 둔 채로 발효를 진행하여 새콤해지면 완성되는 산미 조미료다. 와인과 술을 바탕으로 한 식초는 우연히 발견한 발효 조미료다. 과거 중국과 일본에서는 식초를 맛이 독한 술이라는 의미의 '고주苦酒'라고 불렀는데, 이는 식초의 탄생 과정을 나타내고 있다. 쓴맛과 신맛을 복합적으로 느낄 수 있는 식초는 부패의 진행 수준에 따라 신맛이 점점 강해진다.

영어로 식초를 '비니거binegar'라고 하는데, 이는 프랑스어로 '와인'을 의미하는 뱅vin과 '시다'를 의미하는 에그르aigre의 합성어 '비네그르vinaigre'가 어원이다. '새콤해진 와인' 정도의 의미이다.

알코올의 발효가 진행되면 술도 당연히 새콤해지는데, 식초는 인류가 크게 힘을 들이지 않고 얻은 조미료라고도 할 수 있다. 술을 좋아하는 초산균은 술 안의 에틸알코올을 소재로 초산을 만든다. 이른바 산패, 즉 '초산 발효'이다.

식초의 역사는 술의 역사와 함께 시작되었으며, 와인을 즐기는 남유럽 지역에는 와인 비니거(와인 식초), 맥주를 즐기는 북유럽 지역에는 몰트 비니거(맥주 식초), 쌀을 원료로 만든 청주를 즐기는 일본에는 미초(쌀 식초)가 각각 존재한다.

술의 주요 성분인 산류酸類는 식염이나 당류처럼 혈액의 성분에 함유되어 있지는 않다. 만들어진 맛인 것이다. 생선의 비린내를 제거하고 짠맛을 감소시키며, 야채의 떫은맛을 완화하는 등의 역할을 하는 신맛은 생리적으로 인간이 추구하는 맛도, 생존에 꼭 필요한 맛도 아니었다. 신맛은 쓴맛과 함께 인간이 문화적으로 만들어낸 맛이었다.

신맛은 감정의 고조를 억제하고 기분을 상쾌하고 청량하게 만드는 미각이기도 하다. 스트레스를 억제하기 위해서는 산미가 좋다고 여겨져, 오늘날에도 청량음료 등에는 산미가 첨가되어 있다. 쓴맛은 건강 유지와 증진을 위해 맛의 세계에서 약으로 받아들여졌는데, 식초도 신체를 유연하게 하고 피로 해소에도 효과가 있으며 노화 방지와 동맥 경화, 고혈압 등의 질병에도 좋고, 소화도 도와준다고 하여 건강 증진을 위해 섭취되었다.

또한 식초는 강력한 살균력을 가지고 있기 때문에 식초에 담그면 10분 이내로 세포가 대부분 사멸한다. 따라서 세균의 작용이 활발하여 식중독이 발생하기 쉬운 더운 계절에는 식중독 예방을 위해 요리에 식초를 사용한다. 식자재 세척이나 초절임, 비니거를 사용한 피클, 마리네 등이 식초를 활용한 사례이다. 식초의 산은 위액을 대신하여 위에 달라붙은 세균을 죽이는 역할도 담당한다. 또한 소금과 마찬가지로 식초에도 식재의 부패를 방지하는 효과가 있어 소금을 쉽게 구할 수 없는 지역에서는 식품 보존에 식초를 이용한다. 대표적인 예로 일본의 나레즈시 등이 있다.

메소포타미아에서는 문명이 탄생하기 이전부터 대추야자 열매의 술을 발효시켜 식초를 만들었다고 전해지는데, 중국에서도 주나라의 제도를 기록한 《주례》에 식초를 만드는 직업이 존재했다고 기록되어 있다. 이를 통해 식초의 기원이 매우 오래되었다는 것을 이해할 수 있다. 혹은 마시지 않아 사용하지 못하게 된 술을 이용했는지도 모른다. 이집트 프톨레마이오스의 마지막 여왕, 클레오파트라는 식초의 산으로 진주를 녹여 화장하는 데 사용했다는 흥미로운 이야기가 전해진다.

06

유산 발효와 치즈

힘의 근원은 요구르트

유산균의 발효를 이용하면 상하기 쉬운 소나 염소, 양의 우유가 달콤새콤한 맛의 요구르트가 되고, 버터나 치즈도 만들 수 있다. 유산균이 만들어내는 상큼한 산미는 매력적인 맛으로 넓은 지역에 확산되었다.

인류의 발전과 밀접한 관계를 갖는 소는 농경을 보좌하는 역축으로서의 역할을 담당하고 있다. 특히 인도에서는 인더스 문명 이래, 소를 신과 같은 존재로 신성하게 생각하고 있다. 오늘날에도 인도에서는 약 1억 8천만 마리의 소를 기르고 있으며, 인도는 세계에서도 손에 꼽는 소를 소중히 여기는 나라다. 이러한 국가적 특징으로 인도에서는 소고기 섭취를 금기하고 기피해왔다. 지금도 소의 울음소리를 최고의 아름다움으로 여긴다. 하지만 그와 별개로 우유는 오히려 인간에게 신성한 활력을 제공하는 영양원, 또는 스태미나원으로 오래전부터 적극적으로 이용하였다.

우유는 고대 인도의 산스크리트어로 '더dug'라고 부르며, '젖을 짜다'라는 의미다. 우유를 팔팔 끓이고 냉각시킨 다음, 전날 만들어둔 유제품을 조금 넣고 발효시키면 간단히 요구르트가 완성된다. 인도에서는 이 요구르트를 '다히dahi'라고 부르며, 많은 사람에게 사랑받는 식품이다. 다히를 항아리에 넣어 분리한 버터는 가열 탈수되어 '기ghee'라고 불리는 버터오일이 만들어지며, 이는 인도 요리의 기본적인 조미료가 된다. 인도의 맛의 바탕에는 요구르트와 버터오일이 있다고 할 수 있다.

불교를 창시한 석가모니(기원전 563경~기원전 483경, 기원전 453경~기원전 383경)는 29세에 깨달음을 얻기 위해 아내와 자식을 뒤로하고 출가하여 6년 동안 단식과 고행을 하였지만, 도를 깨닫지 못하고 신체는 점점 쇠약해져 갔다. 허약해진 석가모니가 강에서 목욕을 하고 있을 때, 수지타sujita라는 어린 여성이 준 유미죽乳米粥을 먹고 체력을 회복한 뒤 보드가야 마을의 보리수 밑에서 명상을 하다 새벽에 떨어지는 금성의 빛을 보고 깨달음을 얻었다는 유명한 이야기가 있다. 불교와 요구르트는 떼려야 뗄 수 없는 관계에 있는 것이다.

일본에서는 최고의 맛을 '다이고미醍醐味', 즉 '제호와 같은 맛'이라고 표현하는데, 이는 불전의 하나인 〈열반경〉에 나오는 "소에서 유乳를 얻고, 유에서 낙酪을 얻고, 낙에서 생소生酥를 얻고, 생소에서 숙소熟酥를 얻고, 숙소에서 제호醍醐를 얻는다"라는 기록에서 유래했다. 낙은 우유를 발효하여 만든 새콤한 음료, 소酥는 우유를 바짝 졸여 진하게 한 음료, 제호는 정제된 농후하고 달콤한 유제품을 가리킨다. 아마 버터와 비슷했을 것이다.

그리스와 로마 세계에서도 소의 뿔 모양이 달 모양과 유사하다고 생각하여 소를 신성한 동물로 여겼으며, 우유는 신께 바치는 제물로 삼았다. 당시에는 우유가 신묘한 힘을 가졌다고 생각하여, 이집트 프톨레마이오스 왕조의 여왕 클레오파트라가 우유로 목욕을 하여 피부의 아름다움을 유지하였다는 유명한 이야기가 있다. 무엇보다도 우유는 농경용 소가 송아지를 키우기 위해 대부분 사용되어, 로마 제국에서는 우유를 마시는 경우가 거의 없었다. 유럽은 우유를 17세기 이후 음용했다는 사실을 문헌의 기록을 통해 확인할 수 있다.

중국이나 일본 등의 동아시아 세계에서 소는 농경에서 사용하여 인간의 조력자로 존중하였기 때문에 우유를 먹지 않았다. 동아시아 사람들은 일반적으로 동물의 젖에 함유된 유산을 분해하는 효소가 없기 때문에 우유를 마시면 만성 설사를 일으키는 경우가 많아 우유를 마시는 습관이 생기지 않았다는 이야기도 있다.

일본에는 당나라 시대에 실크로드를 통해 인도의 우유 문화가 들어왔다. 그 영향으로 나라와 헤이안 시대에는 정부 직할의 목장이 설치되고, 각 지방에서 소酥, 낙 등의 유제품을 세금으로 거두어들였다. 우유를 마시거나 소酥를 먹는 행위는 말할 것도 없이 지배층뿐이었다.

조로아스터를 키운 치즈

양 등 가축의 젖에 우유 응고 효소인 렌네트와 유산균인 스타터를 첨가하여 만든 치즈는 보존이 편리하고 맛과 향도 좋은, 유목인이 고안한 식자재의 걸작이다. 오늘날에도 세계적으로 800가지 이상의 치즈가 만들어지고 있다.

1000년 이상 '오리엔트'를 지배한 페르시아인의 주요 신앙인 조로아스터교의 창시자 조로아스터(차라투스트라, 기원전 7세기)는 20년 동안 치즈만 먹고 장수하여 능변가가 되어 선신인 광명신과 악신인 암흑신의 대립과 항쟁으로 자연과 사회의 변화를 설명하고, 광명신에 의한 최후의 심판을 이야기하는 조로아스터교를 펼쳤다고 전해진다. 로마의 박물학자 플리니우스는 "조로아스터는 20년 동안 사막에 살면서 상하지 않은 치즈를 끊임없이 먹으며 살아왔다"라고 이야기한다. 치즈가 인간에게 신비한 힘을 준다고 믿은 듯하다.

치즈의 탄생과 관련된 여러 가지 설화가 남아있다. 예를 들어 아라비아에서는 행상인이 양의 위를 말려 만든 수통에 염소의 젖을 넣

조로아스터(왼쪽)
라파엘로, 1509년, 아테네 학파의 세부 사항

고 길을 떠나 모든 일을 마치고 수통의 우유를 마시려고 할 때, 안에서 하얀 우유의 덩어리와 투명한 물이 흘러 맛을 보니 말로 설명할 수 없는 풍미가 느껴졌다는 이야기, 한 농부가 그 하얀 덩어리를 동굴 속에 넣고 잊어버렸는데 몇 개월 후 우연히 발견하였을 때는 숙성된 훌륭한 맛과 향이 되었다는 이야기가 전해진다.

이러한 이야기에서 '우연'이 치즈라는 발효 식품을 발견했다는 사실을 알 수 있다. 하지만 하루 종일 양과 생활하면서 부패하기 쉬운 우유를 어떻게든 보존하고 싶다고 생각한 유목민이 시행착오를 통해 그 우연을 손에 넣었다고 생각하는 것이 더 설득력이 높다.

치즈의 기원에는 지금으로부터 약 1만 년 전에 양이나 염소의 치즈가 만들어졌다는 이야기 등 여러 가지 설이 있지만, 어느 것도 확실하지 않다.《구약성서》창세기 18장에는 노아의 자손 아브라함이 세 천사에게 우유, 송아지 요리와 함께 응유(치즈)를 제공하였다는 사실이 기록되어 있다. 치즈의 복잡한 감칠맛은 최고의 대접이었던 것이다.

발효가 만든 예술적인 맛

소의 네 번째 위의 위액에서 나오는 우유를 응고시키는 '레닌'이라는 효소를 사용하여 치즈를 제조하는 기술은 기원전 1000년경, 에트루리아인에 의해 이탈리아반도의 롬바르디아 지방으로 전해졌다. 이후 롬바르디아 지방에서는 치즈 제조가 매우 왕성하게 이루어졌으며, 푸른곰팡이를 사용한 명품 블루치즈, 고르곤졸라가 탄생하였다.

치즈에 대한 중세 유럽의 기록은 9세기에 이탈리아가 만든 고르곤졸라가 최초라고 여겨진다. 프랑크 왕국의 카롤루스 대제(재위: 769~814)는 처음 고르곤졸라를 접했을 때 곰팡이를 제거하고 먹으려 했으나, 곰팡이가 살아있는 부분이 맛이 좋다는 소리를 듣고 맛을 보았다가 그 독특한 맛에 눈을 뜨게 된 후, 고르곤졸라 치즈를 매우 즐겨 찾았다고 한다. 유럽의 치즈 문화를 발전시킨 주요 인물은 와인 문화를 풍성하게 한 수도사였다. 중세를 통틀어 치즈의 품질

개량을 위해 노력했던 수도원으로 시토 수도원이 가장 유명하다.

유명한 치즈가 등장한 시기를 보면, 의외로 역사가 길지 않다는 사실을 알 수 있다. 스위스의 에멘탈 치즈는 15세기, 영국의 체더 치즈는 16세기이며, 네덜란드의 하우다(고다) 치즈는 17세기에 일본에 들어왔다. 프랑스 노르망디 지방의 카망베르 치즈는 18세

카롤루스 대제(재위: 769~814)

기, 카망베르 마을의 농부가 만들었는데, 나폴레옹이 그 지방을 행군하던 중 그 치즈를 먹고 너무 맛있어서 '카망베르'라고 명명했다는 속설이 있다.

치즈에 비해 버터는 새로운 식자재로서 19세기 이후 빠르게 보급되었다.

IV

영향력을 키우는 매운맛

1. 거대 상권을 움직인 향신료

2. 유럽인이 좋아하는 강한 향

3. 후추는 동쪽으로, 서쪽으로

4. 바이킹의 활약과 카르다몸

5. '대항해 시대'의 계기가 된 후추

6. 전쟁의 원인이 되었던 고가의 향료

01

거대 상권을 움직인 향신료

향신료는 지위?

세계사에 큰 영향을 미친 맛의 재료는 말할 것도 없이 향신료다. 유라시아 세계를 동양, 중앙, 서양, 세 부분으로 나누면 향신료는 주로 인도 등의 중앙에서 생산되었다. 그리고 아라비아해를 경유하여 서양으로, 남중국해를 경유하여 동양으로 엄청난 양의 향신료가 전달되면서 유라시아 상권의 형성에 공헌하였다. 향신료는 유라시아의 거대 상권을 구축할 수 있는 매혹적인 맛과 향을 지니고 있었던 것이다.

인도와 남아시아에서는 더위로 인해 식자재가 쉽게 부패하였기 때문에 악취를 제거하고 살균하기 위해 저렴한 향신료를 복합적으로 요리에 이용하였다. 이러한 동방의 향신료는 지중해와 유럽 세계에서 사치품이자 동방의 선진 문명의 맛이었다. 지중해와 유럽 세계에서는 향신료가 주술력을 가진 약재, 문명의 맛, 지위를 나타내는 사치품으로 사랑받아 향신료 거래에 관여하는 원거리 상인에게 큰 부를 가져다주었다. 향신료는 매우 적은 양이라도 고가였기 때문에 세계적인 상품으로서 크게 활약하였다. 허브도 강한 향과 다양한 약효가 있다고 여겨져 왕성하게 이용되었으나, 유력 상품은 되지 못했다. 향신료의 맛은 지위의 맛이었던 것이다.

유럽에서 향신료와 허브는 맛을 내기 위한 미각 작용 외에도 향을 피우는 방향 작용, 색을 입히는 착색 작용, 고기의 악취를 제거하는 교취矯臭 작용 등의 기능이 있다고 여겨졌다. 기본적으로 육식 문화였던 유럽에서는 미각이 시각이나 후각과 밀접하게 연결되어 있었으며, 특히 냄새의 비중이 높았다. 향이 좋은 향신료와 허브가 유럽에서 귀하게 여겨졌던 이유다.

수많은 허브와 향신료 가운데, 매운맛이라는 미각을 중시한 것은 머스터드, 홀스래디시, 생강, 고추 등이고, 방향성을 중시한 것이 바질, 파슬리, 민트, 시나몬, 육두구 등, 채색용으로 이용한 것이 사프란, 강황, 파프리카이며, 악취를 제거하기 위해 이용한 것은 마늘, 타임, 로즈메리, 양파, 세이지, 카르다몸 등이었다.

허브와 향신료를 비교하면, 당시 유럽인들이 앞마당에서 재배할 수 있는 허브보다 멀리 떨어진 문명의 선진 지역에서 건조되어 건너온 신비함을 가진 향신료가 더욱 큰 가치를 가졌다고 생각한 것은 당연하다.

허브는 '향초', '냄새 풀' 등으로 불리는 잎사귀를 이용하는 향초, 약초이며 가정의 앞마당 등 가까운 장소에서 재배되었다. 허브는 대부분 날것으로 사용하지만, 건조된 잎도 사용되었다. 이 경우, 향미 성분인 정유분精油分을 함유한 개화 직전의 허브를 사용하는 경우가 많다.

향신료는 열대 또는 아열대에서 생산된 방향성을 가진 씨앗, 열매, 나무껍질, 뿌리줄기, 꽃봉오리 등을 건조시킨 것으로, 일반적으로 매운맛을 띠고 소화액 분비의 촉진, 신경 홍분, 강정 작용 등 많은 약효를 지녔다고 여겨졌다. 특히 향신료의 방향성을 중요하게 생각하였는데, 향의 요인은 주로 정유 성분이며, 산지, 재배 조건, 수확 시기 등에 따라 품질이 달라졌다. 아라비아해, 홍해, 지중해를 왕래한 향신료의 양은 매우 방대하였으며, 원거리 무역을 바탕으로 넓은 맛의 세계가 구축되었다.

로마 제국 시대의 에리트레아해(홍해와 이어진 아시아의 바다) 무역, 다우선Dhow ship을 이용해 아라비아해와 남중국해를 연결한 이슬람 상인의 무역, 정크선Junk ship을 이용한 중국 상인의 동남아시아 무역, '대항해 시대'의 아시아 무역처럼 세계사에 등장하는 대상권의 주역 상품은 바로 향신료였다.

원거리 무역 상인이 사랑한 향신료

지구는 70%가 바다이며, 육지의 면적은 30% 정도에 불과하다. 게다가 육지는 산, 사막, 거친 땅 등 장애가 있어 상업 지역은 자연스레 한정되었다. 그에 비해 바다와 강은 어느 정도의 항해 기술만 있으면 장대한 수로로 이용할 수 있었으며, 간선 경로가 되는 바다에 주변의 섬, 하천을 따라 거대한 상업권을 형성하였다.

육로에서 말, 낙타 등의 가축을 이용하여 상업을 했던 시대에, 바다 위에서 풍력을 활용한 범선은 상품의 운반량, 속도, 지구력 등 모든 측면에서 우위에 있었다. 50톤의 물건을 배로 간단히 옮기는 데 비해 육로로 운반하려면 200마리 이상의 낙타가 필요했던 것이다.

세계의 주요 대양ocean으로는 태평양, 대서양, 인도양이 있는데, 아주 오랜 과거부터 항로가 개척된 곳은, 바람의 방향이 정기적으로 변하는 계절풍을 이용할 수 있었던 인도양 북부에 있는 아라비아해였다. 중국, 동남아시아를 배후에 둔 인도와 서아시아, 홍해, 그리고 지중해를 잇는 아라비아해는 향신료를 주력 상품으로 하는 바다, 즉 향신료의 바다였던 것이다.

8세기 후반에 세워진 아바스 왕조 시기에 이라크 지방의 바그다드를 제국의 수도로 하면서 아라비아해가 이슬람 상권의 중심이 되었다. 아라비아해의 상업이 확장된 시대는 다우선을 이용한 이슬람 상인이 활약한 8세기 후반과 중국 상인과 함께 정크선이 동서로 활약한 10세기 이후의 시대로 나뉜다. 이 시기에 바다 대상권의 주력 상품으로서 중국에서 유럽에 이르는 지역까지 엄청난 인기를 끌었던 상품이 건조된 후추, 시나몬, 카르다몸, 클로브(정향나무), 육두구 등의 향신료였다.

십자군 운동 이후 지중해의 동쪽에서 활약한 이탈리아 상인이 이슬람 상권과 강력한 연합을 맺게 되면서, 이집트 알렉산드리아에서 고가의 향신료를 구입하고 고액의 중계 마진을 붙여 유럽 각지에 판매하였다. 이렇게 발흥한 오스만 제국이 향신료에 무거운 세금을 부과하자, 유럽인이 향신료 산지인 아시아로 직접 가서 향신료를 저렴하게 손에 넣으려는 움직임이 거세지게 되었다. 향신료의 맛과 향을 추구하는 욕망과 향신료 무역에서 막대한 이익을 얻고자 하는 욕망이 '대항해 시대'라는 바다의 시대를 열었다고 할 수 있다.

02

유럽인이 좋아하는 강한 향

향기에 민감한 유럽인

유럽에서는 강한 향이 강력한 약효를 수반한다고 생각하여 귀하게 여겨졌다. 향신료와 허브의 아름답고 진한 향기가 약과 동일한 효력을 가지고 있다고 믿은 것이다. 그 결과, 향기가 맛보다 우선되어, 중세 유럽에서는 요리에 많은 양의 향신료를 넣는 것을 최고의 사치라고 생각했다. 향신료가 주술력을 지닌 절대적인 존재라고 생각한 것이다. 이처럼 강한 향에 전폭적인 신뢰를 보내는 문화를 우리는 아무래도 이해하기 쉽지 않다.

일본에도 향 문화가 없었던 것은 아니다. 무로마치 시대에는 '문향聞香'이라고 불리는 놀이가 있었다. 여러 향을 차례대로 피우거나 함께 피우고 향료를 맞추는 놀이었다. 향기를 맡는다는 표현에 한자 '聞(들을 문)'을 사용하는 것도 어딘가 미묘하다. 유럽에는 이런 미묘한 표현은 없고, 더 직접적으로 표현한다. 유럽의 경우에는 후각을 미각과 일체화하여 인식한 경우가 많다.

오늘날에도 일본에는 향을 피우고 그 향기를 즐기는 '향도香道'라고 하는 문화가 있는데, 서민의 생활을 생각하면 일본 문화는 향에 관한 관심이 크지 않은 것으로 보인다. 좋은 향기와 나쁜 냄새, 혹은 매실 향, 나무 향, 풀 향 등 사물의 구체적인 향기를 표현했을 뿐이었다. 일본은 프랑스인이 와인의 향을 표현할 때 사용하는 다채로운 어휘를 가지고 있지 않다.

나는 이러한 의문을 향기 치료사에게 물어본 적이 있다. 일본인이 향에 무관심한 이유는 일본 열도가 자연의 향으로 가득하기 때문이라는 답변을 듣고, 고개를 끄덕였던 기억이 떠오른다.

확실히 4대 문명이 탄생한 건조 지대는 자연의 향이 부족하다. 또한 도시 문명이 빠르게 자리 잡은 지역에서는 좁은 공간에 인간이 밀집되어 생활하면서 악취와 이상한 냄새에 대한 고민이 심각했다. 그래서 그런 지역에서는 기분이 좋아지는 향기가 필요해진 것이다. 육식으로 인해 몸에서 나는 강한 냄새도 방향을 필요로 하는 이유 중 하나라고 생각한다.

이렇게 도시 문명이 발달한 서아시아, 인도, 중국, 지중해와 유럽에서는 독자적인 향기 문화가 성장했다. 예를 들어 영어에는 사물

자체에서 나는 향인 아로마aroma, 입으로 느끼는 향인 플래버flavor, 성적인 향인 퍼퓸perfume, 그다지 좋지 않은 향인 스멜smell 등 향기에도 다양한 종류가 있다. 하지만 일본어에서 그들은 모두 '향기(香り)'라는 단어로 표현된다. 전 세계적으로 방향과 강렬한 향, 또 그러한 향의 조합은 인체에 유익하고 강장제나 최음제로도 사용할 수 있다는 생각이 주류였던 것 같다.

고대 이집트에서는 아비시니아나 소말리아에서 생산된 유향, 아라비아 남부에서 생산된 몰약 등 향료를 조합한 '키피kyphi'라는 복합 향유를 사치품으로 여겼다. 유향과 몰약은 모두 매운 향을 내뿜는 감람나무과의 수지樹脂로, 이상적인 향을 내고 분비 억제, 생리 불순, 건위에 좋다고 하여 귀중하게 생각하였다. 이러한 향기를 몸과 마음의 약으로 간주한 사고방식은 그리스와 로마 세계로 계승되었다.

그리스의 의학자 히포크라테스는 약초가 되는 허브의 목록을 만들었으며, 로마의 의학자 갈레노스는 약초를 중심으로 고대 의학을 집대성하였다. 향과 맛, 그리고 건강은 서로 연결되어 있으며 향기가 있는 특정 허브와 향신료가 건강에 좋은 향이라고 믿은 것이다. 허브와 향신료의 맛은 문명이 고급스러운 이미지를 완성한 문화적인 미각이었다.

허브와 향신료는 그리스와 로마의 먹거리 세계에 큰 영향을 주었다. 서양식 '의식동원'인 것이다. 그리스와 로마에서는 향신료와 벌꿀을 섞은 자양강장 와인을 만능 약으로 생각하였다.

중국의 먹거리 사상과 향신료

중국에는 예로부터 '의식동원醫食同源', '약식일여藥食一如'라는 건강을 중요하게 생각한 먹거리 사상이 있었으며, 한국의 '약식동원'에서 볼 수 있듯 이는 동아시아의 공통적인 사고방식이 되었다. 그 사상은 일본에도 영향을 미쳤다. 여러 약초를 섞어 달여 마시는 한방약의 발상이 동아시아의 맛의 세계에 큰 영향을 준 것이다.

중국 전국시대 이후에는 음과 양의 작용에 의해 '오행'이라는 나무, 불, 흙, 금, 물의 다섯 가지 요소가 변화하며 모든 현상이 발생한다는 음양오행설이 먹거리 세계를 설명하게 되었다. 그 결과, '의식동원'은 다섯 가지 맛, 달고, 시고, 짜고, 쓰고, 매운맛의 조화에 의해 다섯 개의 내장인 간장, 심장, 비장, 폐장, 신장을 통제한다고 이해되었다. 중국인은 헤닝이 정의한 4원미, 단맛, 신맛, 짠맛, 쓴맛에 매운맛을 더하여 '오미五味'라고 하고, 다양한 맛을 섞는 것을 요리의 기본이라고 생각하였다. 이에 따라 많은 식자재의 약효를 철저하게 조사하여 '음, 양, 온, 냉'으로 구분하고, 복잡한 맛의 혼합이 요리의 목적이 되었다. 이것이 많은 식자재를 '중식 냄비' 한데에 섞는 중화요리의 발상이다. 식자재 고유의 감칠맛을 끌어내기보다 맛의 가감을 통해 몸에 좋은 복잡한 맛의 창조를 더욱 중요하게 생각한 것이다.

그래서 중국에서는 향이 강한 향신료보다 약효가 있는 약으로서의 향신료가 요리에 더 많이 사용되었다. 요리를 통해 불로장생과

충실한 정력을 기대한 것이다. 특히 매운맛은 신체를 따뜻하게 하고 나쁜 기운을 제거하며, 소화를 돕고 기분을 상쾌하게 하는 맛으로 자리 잡았으며 부추, 마늘, 염교, 파, 달래의 '다섯 가지 매운맛'이 중요해졌다. 중국의 전통 향신료는 초피, 생강, 계피 등이 대표적인데, 송나라 시대 이후 정크선을 통해 동남아시아, 인도와의 교역이 활발해지면서 후추 등 해외의 향신료도 적극적으로 받아들이게 되었다.

03
후추는 동쪽으로, 서쪽으로

로마 청년이 동경한 후추

세계의 수백 가지 향신료 가운데, 유럽사와 세계사에 가장 큰 영향을 미친 향신료는 바로 후추다. 후추를 의미하는 영어 '페퍼 pepper'의 어원은 그리스어 페페리peperi, 라틴어 피페르piper이지만, 단어의 뿌리를 더듬어 가다 보면 인도의 산스크리트어, '핏파리 pippali'까지 거슬러 올라간다. 후추의 원산지이자 최대 생산지는 인도 서부 연안에 있는 말라바르 지방이다.

유럽에 후추가 알려지게 된 계기는 알렉산드로스 대왕의 인도 원정이라는 이야기가 있다. 인도의 엄청난 더위와 인도인의 격한 저항으로 전의를 상실한 알렉산드로스 군은 인더스강 하류에서 육로와 해로로 나누어 바빌론으로 돌아갔는데, 그때 후추를 가지고 돌아갔다는 것이다.

후추가 매운맛을 내는 원인은 열매의 바깥 껍질에 있다. 후추는 흑후추black pepper와 백후추white pepper, 두 가지가 있는데, 흑후추는 완전히 성숙하지 않은 녹색 후추를 따서 발효시킨 것으로, 매운맛과 향미가 강했다. 반면 백후추는 완전히 익은 열매의 껍질과 과실을 제거하고 건조시킨 것으로 풍미가 부드럽다. 참고로 세계사에 등장하는 후추는 대부분 흑후추이다.

기원전 1세기, 이집트의 항해사 히파로스는 여름에 남서풍, 겨울에 북동풍이라는 풍향이 정기적으로 변하는 아라비아해의 몬순(계절풍, 히파로스의 바람)을 발견하고 몬순을 이용하면 더욱 간단히 왕래할 수 있다고 생각했다. 아라비아해가 몬순에 지배되는 바다라는 사실을 명확히 한 것이다. 그 결과 홍해를 경유하여 지중해와 인도 서부 연안을 연결하는 해상 교역이 더욱 활발해지며 로마에 많은 양의 후추가 유입되는 계기가 되었다.

로마 시대에는 후추에 대한 대가로 대량의 금이 아라비아해를 건넜다. 독특한 향기와 쌉쌀한 맛을 지닌 후추는 희소성이 있어 지위를 나타내는 식자재, 그리고 약재로 중요하게 여겨졌다. 현대인의 관점에서 보면 로마인은 무분별하다고 생각될 정도로 엄청난 양의 후추를 요리에 섞었다고 한다. 맛은 그다음이었던 것이다. 후추는 1분 이상 불을 가하면 향이 날아가 버리기 때문에 요리의 마지막 단계에서 후추를 첨가하는 것이 상식이지만, 당시 로마에는 이러한 당연한 사실도 받아들여지지 않았던 것 같다. 후추 자체는 귀중하게 여겼지만 사용 방법에는 무관심했다.

로마에서 후추는 식욕을 증진시키고, 위를 튼튼하게 만들며, 해독 작용을 하는 만능 약이었다. 후추의 자극적인 맛이 위액과 장액의 분비를 촉진하고 소화를 도와준다고 생각한 것이다. 토사 약을 이용해 먹은 음식을 게워내고 다시 먹을 정도로 먹는 것에 집착했던 로마인에게는 소화를 도와주는 후추가 굉장히 매력적인 약재였다. 로마 시대에는 후추가 말라리아 특효약으로도 사용되었다.

쉽게 손에 넣을 수 없는 희소성이 있는 존재에 대한 인간의 욕망은 본능에 가깝다. 전성기를 맞이한 로마에서는 다른 나라에서 건너온 환상적인 후추를 사용하는 것이 곧 지위가 되었으며, 식욕 증진제, 정력 강화제, 미약(최음제)으로서 헬레니즘 문화의 포로가 된 청년들 사이에서 크게 유행하였다. 하지만 높은 연령층은 짠맛을 중시하는 로마의 전통적 식문화와는 다른 후추의 맛에 익숙해지지 못했던 것 같다. 신묘한 상품에 마음을 빼앗겨 돈을 아낌없이 쓰는 것은 어느 시대나 젊은 사람들이다.

1세기, 로마의 장군이자 박물학자인 플리니우스는 맛있지도 않고 모양이 아름답지도 않으며, 한 종류의 자극과 매콤함을 가진 후추에 열광하는 현상을 두고 "공복을 해소한다는 음식의 가장 중요한 역할을 잊고, 그저 식욕 증진에만 전념하는 사람들의 마음을 나는

알지 못한다. 인도는 어느 곳에서나 후추를 키우고 있다. 그러나 우리나라에서 후추는 금과 은의 값과 같다"라며 한탄했다.

 동방으로 유출된 로마 금은화의 약 절반 정도를 인도와의 후추 무역에 허비했다고 하니 평범하지는 않다. 또한 플리니우스는 "인도는 로마에서 최소 5,000세르테르티우스를 한 해도 빠뜨리지 않고 가져가, 원가의 100배로 팔리는 물건을 우리에게 보내고 있다"라고 서술했다. 후추는 고급스러운 브랜드 식자재로 큰 인기가 있었지만,

이미지를 파는 브랜드란 거대한 낭비밖에 되지 않았다. 하지만 유행이란 아마 그런 것일지도 모른다. 인간은 유행을 좇고, 그 유행에 정신없이 몰입하며 살아가고 싶은 생물인 것이다.

지리학자 스트라본은 후추에 대한 로마인의 수요가 증가하는 현상에 대해, "과거 기원전 1세기 중반에는 한 해에 20척 이내의 소형선이 인도로 향했지만, 기원 전후에는 배가 다양해지고, 연간 120척이 인도로 향하게 되었다"라고 기록했다. 인도에서 건너오는 적하물의 약 절반을 후추가 차지하고 있었다는 점에서 엄청난 후추 유행이 로마를 석권했다고 말할 수 있다.

후추와 '중국의 대항해 시대'

중국에서도 후추는 대표적인 향신료였다. 한자로 후추를 의미하는 '고초胡椒'의 '고'는 서북부 민족을 가리키며, '초'는 매운맛을 지닌 모든 식물의 씨앗을 총칭하는 표현인 '초피'를 가리킨다. '고초'라는 이름에서 후추가 실크로드를 통해 중국으로 건너왔다고 추측할 수 있다. 《후한서》에는 후추가 인도로부터 왔다고 서술하고 있으나, 다른 책에서는 페르시아로부터 건너왔다고 되어 있어, 정확히는 알 수 없다.

중국에 후추가 대량으로 수입된 것은 송나라 화폐인 송전이 일본과 동남아시아에 유통되고 있던 송나라에서 원나라에 걸친 시대이다. 이때가 바로 중국 정크 무역의 전성기다. 무역이 활발해짐과 동시에 새로운 향과 매운맛을 조리에 활용하게 되었다.

송나라 시대는 경제가 크게 성장하고 중국 문화가 대전환하는 시기였다. 아름다움에 대한 기준도 풍만한 양귀비와 같은 타입에서 마른 타입으로 바뀌고, 요리도 한층 더 호화로워졌다. 남송의 도시, 항저우는 베네치아의 상인 마르코 폴로가 쓴 《동방견문록》에서 '하늘의 도시'라고 불리는 대도시였다. 마르코 폴로는 킨사이(항저우) 시장의 활기와 풍부한 식재에 대해 "주에 3회, 각 광장에는 여러 곳에서 오는 5만 명의 사람이 모여든다. 그들은 도시로 오는 셈인데, 일반적으로 원하는 식자재는 무엇이든 얻을 수 있다. 그곳에는 언제나 모든 종류의 식량이 풍부하다"라고 서술하며, 시장 주변의 상점에서 다양한 종류의 향료가 판매되고 있다는 사실을 기록하고 있다.

또한 마르코 폴로는 원나라 최대의 국제 무역항인 천주泉州에서의 무역에 대해 "천주 시의 항구에서 모든 상품이 만지(남중국) 전역에 건너간다. 그리스도교 여러 나라의 수요를 채우기 위해 알렉산드리아와 그 외의 항구로 한 척의 배가 후추를 채워 간다면, 천주 항구에서는 그 100배를 수입한다"라고 서술하며, 유럽을 능가하는 양의 후추가 중국에 수입되었다는 것을 기록하였다.

대량의 후추를 수입하는 것과 관련하여 일본의 향료 연구가 야마다 겐타로는 송나라 시대 이후 "요리의 맛을 내기 위해 사용하는 향료를 다시 조합하고 배제한 후, 떡(곡류로 만든 당고)처럼 반죽하여 총알 크기로 만들어 필요에 따라 언제 어디에서나 사용할 수 있도록 하였다"라며 향신료라는 '요물料物'을 사용하게 되어 후추, 필발long pepper 등 남쪽에서 생산된 향신료를 대량으로 사용되는 것을 지적하고 있다. 요물의 보급에 의해 중국인의 미각이 변화하였으며, 찌릿한 향기와 자극적인 매운맛으로 고기와 생선의 냄새를 제거하는 후추 등, 남쪽에서 생산된 향신료의 소비가 증대했다고 말하고 있다.

04

바이킹의 활약과 카르다몸

아시아에서 애용한 카르다몸

맛을 통해 잃어버린 세계사를 복원하는 것도 가능하다. 향이 좋은 향신료, 카르다몸의 기호에 대한 분포를 보고 9~10세기에 걸쳐 바이킹과 이슬람 세계 사이에 러시아를 경유하는 대규모 모피 무역이 행해졌다는 사실을 추측할 수 있다. 과거 스리랑카(세일론 섬)에서 대량으로 생산된 카르다몸이 오늘날 스웨덴과 노르웨이에서 매우 사랑받고 있다는 것부터 이야기는 시작한다.

생강과인 카르다몸(백두구)의 열매는 휘발성이 강한 향신료인데, 독특한 향 때문에 '향의 왕자'라고 불리며, 현재도 사프란과 바닐라에 뒤지지 않는 고가의 향신료로 취급되고 있다.

카르다몸

카르다몸은 일반적으로 고기의 냄새를 제거하기 위해 사용하는데, 이슬람 세계에서는 손님을 맞이할 때 카르다몸 커피인 가와 gahwa로 대접하는 관습이 있다. 말린 카르다몸 열매 몇 알과 잎을 함께 찻주전자에 넣어 마시는 카르다몸차도 있다.

이런 카르다몸에 대해 매우 흥미로운 이야기가 있다.

원산지가 인도 남부에 있는 스리랑카 섬인 카르다몸은 불교가 성립한 시기, 갠지스강 유역에서 비뇨기 질환을 치료하고, 지방을 감소시키는 약으로 이용되었다. 대사성 신체의 지방을 줄이는 것은 당시에도 중시되었던 것일지도 모른다. 그때부터 인도인은 빈랑의 잎으로 감싼 카르다몸을 식후에 깨물면 타액의 분비를 촉진해 소화에 도움이 되고, 입 냄새도 제거할 수 있다고 생각하였다. 이러한 풍습은 오늘날까지 계승되고 있다. 카르다몸은 인도에서 카레를 만들 때 이용하는 주요 향신료 중 하나이다.

카르다몸은 고대 이집트가 수입한 가장 오래된 향신료 중 하나로, 신전에서 불을 피우는 '신성한 향연'으로 이용되었다. 고대 로마에서는 무려 치아를 닦는 용도로 사용되었다고 한다. 마늘을 좋아하는 로마인은 식후에 카르다몸 열매를 먹어 마늘 냄새를 중화시켰던 것이다.

이슬람 세계의 미약

카르다몸은 서아시아에서 넓게 사용되었으며, 그 향은 이슬람 세계에서도 크게 사랑받았다. 아바스 왕조(750~1258)의 최고 전성기였던 칼리프 하룬 알 라시드(재위: 786~809)가 다스린 세계를 무대로 한 《아라비안나이트》에도 카르다몸은 정력을 증진시키는 정력제, 최고의 미약으로 등장한다.

오랫동안 아이가 생기지 않았던 상인이 카르다몸에 클로브, 후추 등의 향신료를 더해 복용하자, 마침내 자식을 얻을 수 있었다는 전해 내려오는 이야기에서 카르다몸의 약효를 믿어 의심치 않았다는 사실을 알 수 있다. 오늘날에도 아랍 유목민 중에는 카르다몸을 미약으로 믿는 사람들이 있다.

이슬람 제국은 고대 로마 제국의 남반부와 페르시아 제국을 어우르는 대제국이었다. 바그다드에서 제국 내의 모로코까지의 거리가 바그다드에서 당나라 장안에 이르는 거리보다 멀었다는 점에서 거대한 제국이었다는 사실을 알 수 있다.

이슬람 상인은 넓어진 제국 내의 상권을 활성화시켰을 뿐만 아니라 지중해에서 중국 남부에 이르는 바다의 항로를 활성화시키고, 그 간선 경로에 실크로드, 초원길, 러시아의 강의 길, 사하라 사막을 횡단하는 상업로를 연결하여 유라시아 규모의 대제국을 구축하였다.

북유럽에 카르다몸이 보급된 이유

앞에서 언급한 것처럼 이슬람 세계에서 멀리 떨어져 있는 북유럽의 스웨덴과 노르웨이에서는 오늘날에도 카르다몸을 애용하고 있다. 북유럽 남성은 술을 마실 때 카르다몸 열매를 조금씩 베어 먹는 것을 좋아한다. 노르웨이에서는 크리스마스 시기가 되면 도시에 카르다몸 향이 짙게 깔린다고 말할 정도로 스웨덴인의 1인당 카르다몸 소비량은 미국인의 50배에 이른다고 한다.

그렇다면 카르다몸 열매를 깨무는 북유럽인의 습관은 어떤 경로로 전파되었을까? 카르다몸은 십자군 원정이 끝난 14세기에 지중해 동부의 로도스 섬을 경유하여 중세 유럽으로 유입되었는데, 당시에는 그렇게 많은 양은 아니었다. 카르다몸이 서유럽을 건너뛰고 북유럽으로 퍼졌다고는 생각하기 어렵기 때문에 북유럽의 카르다몸 사랑은 유럽을 경유하지 않는 다른 경로로 확산되었다고 생각하는 것이 타당하다.

역사 지도를 보면 북유럽과 이슬람 세계를 연결하는 거대한 상업 경로를 확인할 수 있다. 즉 카스피해와 발트해를 연결하는 러시아의 강의 길이다. 러시아 강의 수원은 눈이 녹은 물이기 때문에 유속이 느리며, 큰 강이 모스크바 교외의 발다이 구릉에서 발트해, 카스피해, 흑해로 흘러 들어가는 지리적 특성이 있다. '어머니의 강'이라고 알려진 러시아의 볼가강은 카스피해로 유유히 흘러가는 러시아를 대표하는 아시아의 대하大河이다.

이슬람 제국의 전성기에는 삼림 지대에서 포획한 동물의 모피가 가장 유력한 사치품이었다. 스웨덴계 바이킹은 러시아에서 모피를 획득하여 볼가강을 이용해 세계적인 상업 도시이자 인구 150만 명의 도시인 바그다드로 운반하였다.

배가 물 위에 떠 있을 때 경계가 되는 흘수선이 얕은 바이킹의 배는 발트해부터 하천을 거슬러 러시아에 진입하였는데 도중에 강이 끊어진 곳에서는 배를 짊어지고 '연수육로連水陸路'라고 부르는 도로로 이동한 후, 볼가강을 건너 마침내 카스피해에 도착했다. 거기에서 바그다드를 향하여 빈번하게 왕래했던 것이다. 9~10세기는 스웨덴계 바이킹과 이슬람 상인의 모피 무역 최고 전성기였다. 스웨덴계 바이킹은 이슬람 사회에서 고가로 팔리는 모피를 러시아에서 대량으로 끌어모아 판매하였다.

러시아의 슬라이브인은 모피 거래를 담당하는 바이킹을 '배를 젓는 사람'이라는 의미의 '루스인The Rus'이라고 불렀다. 이는 오늘날 러시아라는 국가명의 기원이 되었다.

그렇게 생각하면 러시아라는 국가명과 북유럽의 카르다몸 사랑은 과거 스웨덴계 바이킹이 모스크바 근교의 발다이 고지에서 발트해, 카스피해, 흑해로 흘러가는 느릿한 대하를 통해 활발하게 상업을 행했던 흔적인 것이다.

스웨덴계 바이킹은 러시아의 삼림 지대에서 생산한 모피, 벌꿀, 노예의 대가로 아랍 은화와 사치품을 손에 넣었다. 무역의 거점이 되었던 고틀란드 섬을 비롯해 발트해 연안의 바이킹의 무덤에서 2만 장에 달하는 아랍 은화가 발견된 것이 바로 그 증거다.

베르틸 암그렌Bertil Almgren의 《바이킹의 역사The Viking》에서는 "매납된 은화가 교역을 통해 섬으로 가지고 들어온 모든 은화를 나타내는 것이 아니기 때문에 총량을 추측하기는 쉽지 않다. 하지만 만약 교역으로 얻은 천 장의 은화 중 한 장만 출토된다고 해도, 낙

관적으로 계산하여 고틀란드 섬 사람들은 교역에 가장 활발했던 약 150년 동안 1억 장 이상의 은화를 얻었을 것이다"라고 추측하고 있다. 아랍 은화와 함께 바이킹이 가지고 돌아간 사치품 중에 이슬람 세계에서 미약으로 이용되었던 카르다몸이 포함되어 있었을 것이라는 의견은 전혀 이상하지 않다.

모피를 입수하고 판매하기 위한 바이킹의 거대한 네트워크를 바탕으로 노브고로드 왕궁, 키예프 공국(9~13세기)이 건국되었다. 이는 러시아의 모태이다.

스웨덴과 노르웨이의 카르다몸 사랑은 북유럽의 바이킹이 이슬람 세계와 대규모 무역을 시행했다는 흔적, 그리고 스웨덴계 바이킹의 대교역 시대의 흔적이라고 생각할 수 있다. 각 사회의 기호는 역사적으로 만들어진다. 맛의 세계에도 세계사의 잔흔이 남아있는 것이다.

05

'대항해 시대'의 계기가 된 후추

돈 아까운 줄 모른다

후추의 주요 성분은 찌릿한 매운맛을 내는 피페린이라는 물질이다. 톡 쏘는 매운맛과 향을 가진 후추는 절묘하게 균형 잡힌 맛과 향에 의해 장기간 보존하여 악화된 고기의 맛을 완화시키는 데 유용했다.

중세 유럽은 울창한 삼림이 많아 가시나무의 열매인 도토리로 살을 찌운 돼지가 귀중한 단백질원이었다. 숲에서 기른 돼지는 야생 멧돼지와 큰 차이는 없었지만, 겨울이 다가오는 11월부터 12월에 걸쳐 일제히 죽임을 당해 염장 고기나 햄, 소시지로 가공되어 겨울의 단백질원이 되었다. 가을에 도토리 열매를 배불리 먹은 돼지는

구하기 어려운 월동용 식자재였던 것이다.

중세 말기에는 흑사병에 따른 인구 격감으로 자본과 노동력을 줄이고 자연에 의존하는 조방적 목축이 확대되었으며, 동유럽으로부터의 소의 장거리 수송 등에 의해 고기의 소비량이 다른 시대에 비해 압도적으로 증가하면서 북유럽의 후추 수요도 증가하였다. 독일에서는 1인당 연간 100킬로그램의 고기가 소비되었다는 추측도 있다.

이러한 경향은 '대항해 시대'에 더욱 강해졌으며, 16세기 초반에는 후추의 73%가 독일, 영국, 네덜란드 등 북유럽에서 소비되었다고 한다. 후추를 분말로 만들면 풍미를 쉽게 잃기 때문에 알갱이로 수확하고, 사용할 때마다 갈아서 사용하였다. 후추는 방역, 식육의 보존, 건위, 식욕 증진 등의 효과와 최음 효과가 있다고 믿어져 지배층은 후추에 돈을 아끼지 않았다.

후추에 미친 시대

13세기 이후, 후추 무역을 독점한 것은 베네치아 상인이었다. 그런데 16세기 초에 오스만 제국이 이집트의 카이로와 알렉산드리아를 점령하고 후추 무역을 통제하면서, 후추에 대한 세금이 급격하게 상승하였다. 후추 가격이 갑자기 8배로 오른 것이다. 그래서 만약 후추를 직접 인도에서 사들일 수 있다면, 거액의 이익이 보장되는 것

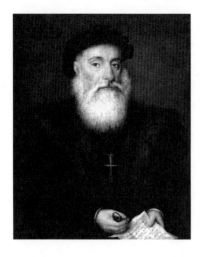

바스쿠 다 가마(1469경~1524)

이었다.

아프리카 최남단의 희망봉을 경유하는 인도 항로의 개발은 포르투갈의 왕자 엔히크(1394~1460)의 아프리카 서부 해안 탐사 사업에서 시작하였다. 엔히크가 세상을 떠난 이후에도 탐사 사업은 계속되었으며, 1488년에 바르톨로메우 디아스(1450경~1500)가 희망봉을 발견하면서 아프리카를 우회할 수 있다는 사실이 밝혀지게 되었다.

1497년, 바스쿠 다 가마(1469경~1524)가 이끄는 170명의 선원과 4척의 함대는 험난한 항해의 끝에, 다음 해 후추의 적출 항구였던 인도 서부 해안의 코지코드에 이르러 후추의 산지 직송을 시작하고 후추를 유럽에 가지고 들어왔다. 그의 항해는 햇수로 3년이나 걸렸으며, 100명의 희생자가 발생하였음에도 불구하고 운반한 후추는 중계 마진이 가산되지 않았기 때문에 한없이 저렴한 가격으로 항해 비용의 60배나 되는 이익을 포르투갈 왕실에 가져다주었다.

뛸 듯이 기뻐한 포르투갈 왕은 스스로를 '인도양의 왕'이라고 칭하였으며, 후추 무역을 국영화하였다. 포르투갈 왕은 한 해에 여러 척의 배를 인도에 파견하고 후추 판매를 독점하려 했다.

일본의 향료 연구가 야마다 겐타로의 저서 《향약동서》에는 15세기 전후, 포르투갈이 유럽의 연간 향신료 수요량인 1,600톤의 약 70%를 수송하였으나, 이는 아시아의 연간 생산량인 8,000톤의 약 14%에 불과했다. 이 시기에 중국의 후추 수요량은 연간 2,000톤 내외로, 생산량의 약 25%를 차지하였다고 추측한다. '대항해 시대'에 후추 무역에 열광한 유럽보다 중국의 후추 시장 규모가 훨씬 컸던 것이다.

06

전쟁의 원인이 되었던 고가의 향료

달콤 쌉쌀한 시나몬

후추와 시나몬, 클로브(정향), 육두구는 '세계 4대 향신료'라고 불린다. 지위를 나타내는 향신료는 왕후와 귀족 사이에서 진귀하게 여겨져 중세 유럽에서는 은과 같은 가치를 지닌 것으로 간주되었다. 이제부터 시나몬, 클로브, 육두구에 대해 간략하게 서술하려고 한다.

시나몬의 원료는 높이 10m 이상의 녹나무과인 시나몬 나무의 가지이다. 시나몬 나무의 가지를 잘라 나무껍질을 벗기고 24시간 발효시킨 후, 바깥쪽의 수베린(코르크질)을 제거하여 건조시키면 자극성이 강한 단맛과 상쾌한 청량감, 달콤한 향기를 가진 향신료를 얻을 수 있다. 시나몬은 향의 향신료다. 시나몬에 함유된 시남알데히

드에서 나오는 달콤한 향기는 인간의 성적 충동을 불러일으켰기 때문에 미약이라고 생각했다.

시나몬은 생산지에 따라 두 가지로 나뉘는데, 두 가지 중 스리랑카의 시나몬은 고급품으로 여겨졌으며, 중국의 카시아(계수나무)는 일반적으로 품질이 떨어진다고 생각하였다. 중국 후한 시대에는 이미 맵고 강렬한 맛의 카시아를 중요하게 여겼으며, 즐겨 사용하면 나이가 들지 않는다는 '백약의 장'으로 취급했다.

고대 이집트에서도 미라를 만들 때 시나몬을 사용하였으며 의식에 빠질 수 없는 향신료라고 생각했다. 이집트 룩소르 서안의 디르 엘 바흐리에 큰 장제전을 세운 제18왕조의 하트셉수트 여왕은 푼토(소말리아)라는 국가에 5척의 함대를 파견하여 교역에 성공했는데, 항해의 성공을 기록한 비문에는 상아, 유향, 몰약, 흑단 등과 함께 향신료인 시나몬의 이름도 새겨져 있다. 고대 이집트에서는 의식이 행해질 때 20가지 이상의 향료를 섞어 신전을 닦았다고 전해진다.

시나몬은 인도 상인을 통해 홍해의 입구에 있는 아덴항으로 운반되어 이집트로 건너갔다. 그리스 로마

하트셉수트의 조각상
기원전 1498~1483년경

시대에는 아시아의 지리에 대한 인식이 정확하지 않아 집산지에 불과한 홍해의 입구나 아프리카의 소말리아를 시나몬과 녹나무의 산지라고 여겼다.

하지만 미지의 해역에서 들여온 시나몬의 달콤한 향기는 남성이 여성에게 주는 최고의 선물로 간주되었다. 예를 들어 로마의 황제 네로는 사랑하는 아내가 세상을 떠나자 그의 죽음을 애도하는 의미에서 로마에서 1년 동안 사용되는 양의 시나몬을 태워 먼 길을 떠나는 아내에게 바쳤다고 전해진다.

비싼 클로브와 육두구

향료섬이라 불리는 동남아시아의 말루쿠 제도와 반다 제도에서만 생산되는, 박하와 비슷하게 휘발성의 매운맛을 지닌 클로브(정향)와 달콤하지만 자극적인 향과 쌉쌀한 맛을 지닌 육두구는 산지가 좁은 지역으로 한정되어 있었기 때문에 매우 고가의 향신료였다. 클로브와 육두구는 열대 지방의 배수가 잘되고, 해안선과 멀지 않은 경사지에서만 생육하였다. 인도네시아의 말루쿠 제도가 향료섬spice island이라고 불리는 이유는 클로브와 육두구, 2대 향료의 유일한 생산지였기 때문이다.

클로브는 고대부터 훌륭한 향료로 평판이 높았다. 중국 전한(기원

클로브 나무

전 202~기원후 8)에서는 신하가 황제를 알현할 때, 숨을 청결하게 유지하기 위해 반드시 인도의 마가다국에서 가지고 온 향기가 나는 클로브를 입에 머금을 것을 명했다고 한다. 일본의 나라 지역에 있는 쇼소인正倉院에는 당나라에서 가지고 온 클로브의 견본이 보존되어 있다.

로마 제국의 수도를 콘스탄티노폴리스로 옮긴 것으로 유명한 콘스탄티누스 황제가 로마 교회의 교황 실베스테르 1세(재위: 314~335)에게 금은의 항아리, 향로 등과 함께 그리스어로 '호두의 꽃잎'이라는 의미의 카리오필론(karyophyllon, 클로브) 45킬로그램을 헌상했다는 이야기는 너무 유명하다. 또한 6세기의 사산 왕조 페르시아(226~651)에서는 클로브가 우울증을 치료하고 식욕을 증진시키며 뱃멀미와 통풍에도 효과가 있는 약이라고 믿었다.

클로브의 산지를 비밀로 한 상인 때문에 오랜 시간 클로브의 산지는 묘연하며 알려져 있지 않았다. 9세기에 이븐 쿠르다드비가 저술한 《도로와 왕국 총람》에서는 클로브를 야자나무, 설탕, 백단향 등과 함께 자바 섬의 산물로 기록하고 있다.

육두구와 그 가종피를 벗겨 말린 메이스mace는 비교적 세상에 늦게 알려진 향료였다. 육두구는 동남아시아와 오래전부터 교역해 온 인도에만 알려져, 기원전 1000년경부터 두통과 열병의 약, 구취 제거, 장의 개선 등에 사용되었다. 육두구는 8세기 초반에 베트남을 거쳐 당나라로 들어왔으며, 이슬람 상인이 향신료로서 육두구를 사용하기 시작한 것은 10세기경이었다.

10세기 초반에 인도를 방문하였다고 전해지는 이슬람의 지리학자 마수디는 클로브, 백단향과 함께 육두구를 말레이 제도 동부의 산물이라고 보고하고 있다.

11세기에 활약한 페르시아의 의학자 이븐 시나(980~1037)는 육두구를 반다 제도의 호두라고 소개했다. 10세기 이후에 육두구의 산지가 이슬람 세계 지식인의 눈에 들어오게 된 것이다.

육두구가 유럽의 기록에 등장하는 것은 십자군 원정이 행해지던 1195년의 일이다. 희소성이 높았던 육두구는 가격도 매우 비쌌다. 14세기 말의 독일에서는 약 450그램의 육두구가 7마리의 수소와

1724년 경 반다 제도의 모습. 반다 제도는 오랫동안 희귀한 육두구의 유일한 원산지였으며, 말루쿠 제도가 향신료섬으로서 명성을 쌓는 데 기여했다.

교환되었다고 한다.

후추보다 희소가치를 가진 클로브와 육두구는 높은 이윤을 창출할 수 있는 향신료였다. 그래서 1511년 희망봉을 우회하여 인도에 도착한 포르투갈인은 동남아시아 교역의 중심인 말라카를 공략하기 위해 항해사 세라노를 즉각 말루쿠 제도(향료섬)에 파견하여 이슬람 상인에게서 클로브와 육두구의 상업권을 빼앗으려 했다.

1505년 당시 클로브와 육두구의 연간 생산량은 각각 1,300톤 정도인데 약 절반 분량이 인도와 중국으로, 나머지 절반이 유럽으로 운반되었다. 인도에서 구입한 후추가 리스본에서 약 7.3배의 가격으로 팔린 것에 비해 클로브는 약 8.7배, 육두구는 75배의 이익을 올렸다고 한다.

V

맛의
신세계가
열리다

1. 전 세계로 확장된 맛의 세계
2. 매운맛 세계를 석권한 고추
3. 새로운 산미 토마토
4. 카리브 해에서 온 설탕의 대행진

01

전 세계로 확장된 맛의 세계

'콜럼버스의 교환'

대서양을 횡단하여 '신대륙'에 다다른 콜럼버스의 항로 개발은 재배 작물과 가축의 세계적인 대교류를 단숨에 진행하고, 미각의 세계를 크게 혁신시켰다. 1만 년 전, 농업의 시작에 따른 먹거리 대변동을 '음식의 제1차 혁명', 유럽인이 중개하는 '대항해 시대' 이후의 먹거리 교류를 '음식의 제2차 혁명'이라고 부를 정도이다.

지구의 생태계를 바꿀 정도인 재배 작물과 가축의 교류는 '콜럼버스의 교환'이라고 부르는데, '신대륙'에서 '구대륙'으로 옥수수, 감자, 고구마, 호박, 카사바, 토마토, 강낭콩, 땅콩, 고추, 피망, 파프리카, 카카오, 파인애플, 파파야, 아보카도, 딸기, 바닐라, 칠면조 등이

콜럼버스의 상륙
존 밴더린, 1847년

전달되고, 반대로 '구대륙'에서 '신대륙'으로 보리, 밀, 쌀, 채소류, 오렌지, 올리브, 사과, 커피, 소, 양 등이 건너갔다.

이러한 교환으로 가장 큰 이익을 얻은 것은 말할 것도 없이 유럽이었다. 새롭고 다양한 식자재가 전파되면서 먹거리의 안정과 미각의 확대가 이루어졌을 뿐만 아니라, '신대륙'의 대농장(플랜테이션)과 대목장을 경영하며 많은 식자재를 손에 넣을 수 있게 되었다. 유럽의 맛의 세계가 다른 여러 지역보다 앞장서 넓게 확장된 것이다. 즉 '음식의 제2차 혁명'은 유럽에 '새로운 맛의 세계'를 탄생시켰다고 할 수 있는 것이다.

이전 시대의 향신료와 마찬가지로 새로운 식자재와 기호품은 지위를 과시하기 위한 귀중한 약재, 부유층의 사치스러운 식자재로서 유럽 사회에 들어왔지만 머지않아 서민의 식자재가 되었다. 새로운 식품의 수용은 유럽의 식문화 편견이 개선되고 맛의 세계가 지그재그로 팽창을 이루는 과정이기도 했다. 이번 장에서는 훌륭한 매운맛 식자재인 고추와 신맛 식자재인 토마토에 관해 이야기해 보려고 한다.

모습을 드러낸 맛의 세계 지도

대항해 시대 이후에 진행된 '콜럼버스의 교환'은 세계사에서 이루어진 가장 큰 규모의 맛의 교환이었다. 그 결과, 맛의 세계 지도의 원형을 완성하게 되었다. 서로 다른 '맛의 세계'가 한데 모인 것이다. 일본의 문화 인류학자 이시게 나오미치의 《동아시아의 식의 문화》에서는 조미료와 약미를 바탕으로 한 전 세계의 '맛의 세계'를 8가지로 분류하고 있다. 기본적으로 각 지역에는 문명의 탄생 이래의 고유한 맛의 역사가 있으며, 외부 세계에서 가져온 새로운 맛이 수용되고 맛의 체계가 재조합을 이루어, 각각의 '맛의 세계'가 성립하게된다. 4대 문명의 맛과 그것의 전파가 맛의 세계의 토대가 되지만, 참깨, 후추 등의 향신료와 '신대륙'의 고추가 맛에 큰 영향을 미치고 있다. 게다가 소금, 유럽인에 의해 대량으로 생산된 설탕이 세계적인 맛의 기본이 된 것은 말할 것도 없다. 지금부터 4대 요리권을 중심으로 '맛의 세계'의 범위에 관해 서술하겠다.

(1) 장醬 문화권: 중국을 중심으로 한 동아시아

곡물, 콩 등을 원료로 하는 만능 조미료인 여러 가지 장이 기본적인 조미료가 되며, 생강, 후추, 마늘, 참깨 등이 약미로 이용된다.

(2) 카레 문화권: 인도 세계

복합 조미료인 카레와 소의 유지인 기ghee가 기본적인 조미료이며 강황, 후추, 생강, 카르다몸, 씨앗류, 참깨가 약미로 이용된다.

(3) 강렬한 향신료 문화권: 페르시아(이란), 아랍, 터키 등의 맛 문화가 서로 겹치는 서아시아

양을 주요 식재로 하고, 고추, 후추, 클로브, 시나몬, 카르다몸, 생강, 마늘 등 강렬한 향신료가 많이 존재한다.

(4) 허브와 향신료 문화권: 유럽

고기 요리가 많아 허브나 후추, 클로브 등의 향신료, 씨앗류, 올리브, 사프란 등이 맛을 내는 데 이용되었다.

4대 요리권의 특징을 비교하면 동아시아나 인도에는 만능 조미

료와 복합 조미료가 있으며 서아시아와 유럽은 이러한 것이 없고 다양한 향신료 등의 조합에 의해 맛을 만든다는 특색이 있다.

이 외에도 (5) '신대륙'은 고추를 주요 조미료로 사용하고, 토마토 등을 이용하는 고추 문화권인데, 이는 전파에 의해 말레이반도, 인도네시아 등의 동아시아로 날아가 또 하나의 구역을 만들었다. (6) 태국, 베트남, 필리핀 등은 생선장을 중심으로 하는 생선장 문화권으로, 코코야자, 생강, 후추 등의 향신료가 병용되었다. (7) 광대한 사하라 사막의 주변은 참깨를 중심으로 하는 유료작물 문화권이다.

02

매운맛 세계를 석권한 고추

고추를 후추라고 판매하려 한 콜럼버스

가지의 친구인 고추는 맛의 세계사에 큰 영향을 준 매콤한 식자재였다. 고추는 대항해 시대 이후 강렬한 매운맛을 통해 '구세계'의 매운맛 문화를 제패해 나갔다. 오늘날 고추는 동남아시아를 대표하는 매운맛 조미료이며, 중국의 사천요리를 뒷받침하는 것도, 한국의 김치, 일본 하카타 지역의 명란젓, 미국의 타바스코 소스도 모두 고추의 맛이다.

매운맛의 새로운 향신료인 고추는 페루를 원산지로 하는데 오래전부터 미국에서 널리 사용되었다. 매운맛이 없는 감미 고추로, 요리에 다채로운 색채를 더하는 피망과 파프리카가 있다. 참고로 피망

151

V - 맛의 신세계가 열리다

이란 단어는 일반적인 고추를 가리키는 프랑스어 '피망piment'에서 유래했다. 감미고추는 영어로 '스위트 페퍼sweet pepper' 또는 '그린 페퍼green pepper'라고 불리며, 후추의 친구라고 생각할 수 있다. 피망도 영어로 '벨 페퍼bell pepper' 또는 '그린 페퍼green pepper'라고 부르며, 이 또한 후추의 친구다.

콜럼버스가 고추를 후추의 한 종류로 유럽에 팔아넘기려고 했기 때문에 피망이나 파프리카를 포함한 고추류는 오늘날에도 후추와 비슷한 부류로 간주된다. 참고로 파프리카는 헝가리어로 후추를 의미한다.

콜럼버스는 미국에서 생산한 고추에 '아히aji'라는 이름을 붙이고 후추보다 더 가치가 높은 향신료로써 판매하였으나, 그 매운맛이 너무 강했기 때문에 유럽에서는 후추와 같은 상품 작물이 되지 못했다. 오늘날에도 스페인에서는 '아히'라는 단어를 고추의 속어로 사용하고 있다.

안데스 지방에서 고추는 잉카 제국 시대의 이전부터 사용된 조미료였다. 마하 문명에서는 고추를 조미료뿐만 아니라 설사약으로도 이용하였다.

1519년부터 1521년에 걸쳐 멕시코의 아스테카 제국을 정복한 스페인의 코르테스는 극강의 매운맛을 자랑하는 타바스코종의 '칠리고추'를 스페인에 가지고 들어왔다. 강렬한 자극을 가진 고추는 너무 매웠기 때문에 유럽에서 널리 보급되지 못하고 오로지 감상용으로 사용될 뿐이었다. 플랑드르의 의사가 고추를 그대로 강아지에게 먹이면 강아지는 분명 죽을 것이라고 말했을 정도로, 그 맛은 무척 강렬했다. 하지만 각지에서 품종이 개량되면서 달콤한 품종을 돌파구로 유럽에서도 이용하게 되었다.

아시아에서 크게 환영받은 고추

고추는 포르투갈인이 인도양에 구축한 상업 네트워크를 타고 인도로 건너왔다. 1540년대에는 여러 종류의 고추가 재배되면서 동남아시아와 중국으로 확산되었다. 향신료의 보고였던 동남아시아에서는 엄청나게 매운 고추가 후추 등을 몰아내면서 다양한 향신료가 오가던 동남아시아의 식탁을 지배하였다. 고추의 강렬한 매운맛이 기존의 향신료를 누른 것이다. 고추는 중국 사천 등에서도 요리의 기본 베이스가 되고 있다.

일본에서 고추는 포르투갈인에 의해 일본으로 '남반 후추(南蠻胡椒, 간단히 남반 또는 남만)' 혹은 '번초'라고 불렸다. 일본어로 고추를 의미하는 '唐辛子(토가라시)'라는 단어는 도요토미 히데요시의 조선 원정 시기, 고추를 알지 못했던 일본 무사가 거꾸로 조선에서 가지고 들어와 이렇게 부르면서 정착된 이름이라고 추측한다. '고려후추'라는 이름도 있었다. 오늘날에는 세계 각지에서 300종에 가까운 다

일본 농업 백과사전(1804)의 고추 삽화

양한 고추가 재배되고 있다.

기름을 사용하지 않는 담백한 맛을 좋아하는 일본인은 포르투갈인이 가져온 고추를 그렇게 중요하게 사용하지 않았지만, 17세기 일본에서 조선으로 고추가 전해지면서 조선에서는 쌀, 보리에 누룩, 고추를 혼합하고 발효 및 숙성시킨 조미료, '고추장'을 만들었으며, 이는 조선의 기본 조미료가 되었다.

조선에서는 고추를 '왜겨자'라고 불렀다. 고추의 원산지가 일본이라고 생각했던 것이다. 한국의 김치는 고추와 떼고 싶어도 뗄 수 없는 음식이다. 일본에서는 배추김치가 가장 유명하지만, 김치의 종류는 200가지가 넘으며, 최근에는 일본에서도 많은 사람이 섭취하고 있다. 또한 알을 많이 낳아 고마운 생선으로 여겨지는 명태의 알, 명란에 고추를 추가한 보존식인 '명란젓'도 17세기경부터 만들어지기 시작하여 19세기에 널리 확산되었다. 하카타 지역의 명물인 명란젓은 한국에서 건너온 사람들이 그 제조 비법을 전파한 것이다.

미국에서 시작한 타바스코

미국과 유럽의 고추를 사용한 매운맛 조미료로는 타바스코 소스가 유명하다. 1946년 목화 재배를 위해 노예를 데리고 미국 남부에서 멕시코로 이주한 미국인이 마음대로 텍사스의 독립을 선언하면서 텍사스를 둘러싼 미국-멕시코 전쟁(1846~1848)이 발발하였다. 이 전쟁에 참전한 병사가 그때까지 미국에는 없었던 고추와 비슷한 칠리고추의 씨앗을 멕시코에서 미국으로 가지고 돌아왔다. 그리고 그 씨앗을 전달받은 에드먼드 매킬러니가 루이지애나주에 있는 자신의 농장에서 재배에 성공하였다. 미국 남북 전쟁(1861~1864) 이후, 매킬러니는 칠리고추를 갈아 으깨고 암염, 식초, 향신료를 추가하여 3년 동안 발효시켜 만든 타바스코 소스를 완성하였다. 타바스코 소스는 한국의 고추장, 중국의 두반장의 친구라고 할 수 있다.

1868년 매킬러니가 '타바스코 페퍼'라는 상품으로 출시한 이 매콤한 소스는 루이지애나에서 많이 먹던 생선 요리와 궁합이 잘 맞는 소스로 호평을 받았다. 그 후, 독특한 맛을 지닌 타바스코 소스가 뉴욕을 거쳐 유럽에도 전해졌으며, 만능 조미료로서 세계적으로 확산되었다.

03

새로운 산미 토마토

이탈리아를 시작으로 널리 퍼진 토마토

오늘날 세계적으로 훌륭한 산미 식자재로 사용되는 토마토는 맨 처음, 유럽에서 최음 작용을 한다는 오해를 받았다. 토마토의 원산지는 안데스 고지로, 야생 토마토는 지름 1cm 정도에 불과하지만, 이후 멕시코 아스테카 제국에 전해지고 품종이 개량되면서 야생 토마토의 수십 배 크기가 되었다. 1590년《신대륙 자연 문화사》를 쓴 스페인의 선교사, 호세 데 아코스타는 토마토가 고추 등 매운 향신료를 완화하기 위해 먹는 상큼하고 수분이 많은 열매이며, 토마토로 맛있는 수프도 만들 수 있다고 서술했다.

토마토를 식용으로 재배하기 시작한 곳은 이탈리아 남부였다. 당시 이탈리아 남부의 나폴리 왕국이 스페인의 지배를 받았기 때문이다. 토마토는 이탈리아를 중심으로 유럽 남부로 확산되었으며, 상큼한 산미를 느낄 수 있는 식자재로 환영받았다. 특히 프랑스 혁명 중인 1702에는 프랑스 국가인 〈라 마르세예즈〉를 부르며 파리로 들어온 마르세유의 용병들이 여관에 토마토를 요구하여, 여관 주인이 온 힘을 다하여 매우 고가의 토마토를 용병들에게 제공하였다는 이야기가 있다.

잘 익은 토마토는 다른 채소에서는 볼 수 없는 많은 양의 글루탐산이 함유되어 있어, 요리에 산미와 감칠맛을 더해주는 매력적인 식

토마토

자재가 되었다. 유럽의 속담 중 '토마토의 계절에 맛없는 요리는 없다'는 이런 사실을 나타내고 있다. 토마토의 진가를 이해하게 된 것이다. 19세기 중반에는 이탈리아 전역에서 파스타에 토마토소스를 뿌리는 것이 일반화되었으며, 피자에도 토마토소스가 이용되었다.

멕시코의 옆에 있는 미국에는 유럽으로부터 토마토가 전해졌다. 미국에서 최초로 토마토를 재배한 사람은 '독립선언'의 기초자이자 미국의 3대 대통령이었던 토머스 제퍼슨(1743~1826)이라고 한다. 이탈리아에서는 주로 익힌 토마토와 토마토페스토를 사용했지만, 미국에서는 조미료로서 토마토케첩이 보급되었다.

1804년, 프랑스 요리사인 니콜라 아페르가 병조림을 개발하면서 병조림 토마토가 보급되었으며, 1975년에는 프란체스코 치리오라는 인물이 이탈리아 북부의 토리노 지역에 최초의 근대적 토마토 통조림 공장을 건설하였다. 비슷한 시기에 이탈리아 살레르노 부근의 마을인 산 마르자노에서 홀쭉한 피망과 같은 모양인 푹 삶는 용도의 토마토 개량종을 생산하여, 식용 토마토의 생산과 가공이 궤도에 오르게 되었다. 오늘날 일본인의 1인당 연간 토마토 소비량이 4킬로그램인데 비해 이탈리아인의 소비량은 약 40킬로그램이며, 유럽의 토마토 생산 면적의 약 40%를 차지하고 있다.

이탈리아의 토마토 가공 기술은 머지않아 스페인을 비롯해 그리스, 터키, 포르투갈 등 지중해 연안 지역으로 전파되었으며, 토마토는 뛰어난 식자재로 자리 잡았다.

미국에서 만난 케첩과 토마토

　미국의 토마토 문화는 이탈리아 이민자가 전달한 것이다. 미국에서는 영국 무역상이 아시아에서 가지고 온 케첩(생선장)을 변형시켜 호두, 버섯 등을 이용한 조미용 소스를 이미 사용하고 있었다. 케첩의 기원은 본래 동남아시아이며, 어원은 말레이어로 생선장을 의미하는 케캅kechap이다.

　이러한 케첩은 머지않아 미국에서 상큼한 신맛을 지닌 토마토와 만나게 되었다. 1876년, 채소 장사를 하는 하인즈에 의해 토마토의 산미와 선명한 색을 갖는 토마토케첩이 개발되면서 제조와 가공을 시작하였다. 하인즈는 무착색, 방부제 미첨가의 토마토케첩을 수레에 싣고, 방부제가 건강에 유해하다고 선전하며 판매하였다. 다른 업자들은 방부제를 넣지 않으면 식품이 쉽게 부패하기 때문에 오히려 방부제를 사용하지 않는 토마토케첩이 유해하다고 반론했지만, 1906년, 미국 정부는 순정 식품법을 제정하여 하인즈의 주장을 인정하였다.

　하인즈의 토마토케첩은 산미와 달콤함이 조화롭고 무착색에 방부제를 첨가하지 않은 자연의 맛으로 호평을 받았으며, 훌륭한 신맛 조미료로서 미국 조미료의 베이스로 널리 사용하게 되었다. 햄버거, 핫도그, 감자튀김 등에 모두 토마토케첩을 활용한다. 토마토케첩은 미국 원산의 토마토와 동남아시아의 케첩이 만나 탄생한 미국을 대

표하는 조미료다. 1928년에는 미국에서 최초로 토마토주스가 상품
화되었다.

04

카리브 해에서 온 설탕의 대행진

산미의 욕망을 해방한 설탕

'음식의 제2차 혁명'이 진행되는 가운데, 카리브 해역의 대농장에서 대량 생산된 설탕은 새로운 미각으로서 맛의 세계에서 주도권을 잡게 되었다. 단맛이 근대의 맛을 주도하게 된 것이다. 약효와 결부되는 향신료를 중심으로 한 쓴맛의 시대에서 '욕망의 맛'인 단맛의 시대로 전환하게 된 것이다.

인간도, 가축도, 야생 동물도, 곤충도 모두 단맛을 매우 좋아한다. 이는 단맛의 당분이 생명을 유지하는 영양원이라는 것을 본능적으로 알고 있기 때문이다. 에너지가 부족한 시대와 지역에서는 단맛을 애타게 연모하였다. 그래서 설탕은 인공 감미료가 완성되기 전까지 맛의 세계의 주도권을 쥐고 전략적 식자재로서 중시되었다. 육식 동물이 당분에 대한 욕구가 크게 강하지 않은 이유는 영양원을 달리하기 때문이다.

단맛은 인간의 욕망을 환기시키는 미각이다. 신생아도 생후 24시간 이내에 단맛을 느낀다고 한다. 오랜 시간 동안 효율적인 에너지를 보급하는 당분의 달콤함은 인간이 아무리 쫓아도 쉽게 얻을 수 없는 매혹적인 맛이었다. 그렇게 생각하면 단맛의 매혹에 빠져 자신도 모르게 과잉 섭취하게 되는 것은 인간의 '업보'일지도 모른다. 예를 들어 공복은 혈액 중의 포도당 농도의 저하 등 생리 조건이 변하여 배고픔을 느끼고 당분 보충을 요구하는 신호가 된다.

뇌의 에너지도 당분에서 얻을 수 있다. 혈중 당분(혈당)이 뇌가 필요로 하는 단당류를 공급하는 것이다.

향신료의 시대에서 설탕의 시대로

브라질과 카리브 해에서 흑인 노예를 사용한 '플랜테이션'이라는 새로운 생산 시스템에 의해 설탕이 대량 생산되면서 맛의 세계에도 지금까지는 볼 수 없었던 혁명적인 변화가 찾아왔다. 인기 상품이 된 설탕은 급격하게 판로를 넓혔고, 설탕이라는 전략 상품을 지배하는 나라에 비약적인 경제 성장을 가져다주었다. 설탕의 대량 생산이 초래한 세계 규모의 사회 변화를 '설탕 혁명'이라고 부르기도 한다.

유럽에서 설탕이 대중화되자, 인간의 욕망과 활력을 자극하는 단맛이 전면적으로 해방되어 욕망의 추구를 긍정하는 시대로 전환되었다. 설탕의 달콤함이 욕망의 긍정과 그의 전면적 해방을 전제로 한 자본주의 사회의 길을 연 것이다. 당분을 충분히 섭취하여 활동력이 강해진 인류는 대규모 개발을 통해 지구를 변화시키고, 새로운 기술과 새로운 시스템을 차례차례 만들어나갔다. 과도한 개발은 지구에 환경 문제를 초래할 정도이다.

설탕에 의해 생명 활동에 필요한 에너지가 보장되자, 인류는 생리적인 맛보다 문화적인 맛을 더욱 중시하게 되었으며, 새로운 맛의 시대로의 전환이 찾아왔다. 향신료의 시대와 설탕의 시대를 거쳐 '식자재의 맛 그 자체'를 즐기는 시대로 들어온 것이다. '맛이란 무엇인가'라는 질문이 새로운 고찰의 대상이 되고, 냉정하고 객관적인 맛을 추구하였다. 가스트로노미의 시대가 온 것이다. 식자재가 가진 본연의 맛과 그 맛의 조합을 중요하게 생각하여 과도한 향신료와 설탕은 배척하게 되었다.

이러한 움직임 속에서 식사의 기본은 짠맛이 되고, 단맛이 디저트를 통솔해야 한다는 맛의 새로운 질서가 탄생하였다. 17세기 말 이후, 단맛과 짝을 지은 쓴맛, 신맛, 향기가 새로운 기호품의 분야를 만들어내고 있다. 아이스크림과 셔벗, 커피, 홍차, 코코아 등 기호품의 세계가 넓어지면서 서민의 생활을 침투해나갔다. 맛의 세계가 다양화되고 식사도, 기호품도 상품화가 이루어졌다.

맛의 세계를 크게 변혁시킨 저렴한 설탕을 대량으로 생산한 곳이 브라질과 카리브 해의 섬들이었다. 욕망을 해방하는 맛의 설탕은 유럽으로 유입되었을 뿐만 아니라 세계 각지로 수출되었다. 네덜란드는 자바 섬에서 설탕의 재배를 확장하였으며, 그 욕망의 맛은 일본 나가사키의 데지마를 거쳐 에도성 깊은 곳의 여성들까지 매료시켰다. 자본주의 경제는 힘으로 세계를 지배할 뿐만 아니라, 설탕이라는 매혹적인 맛도 이용한 것이다.

설탕의 달콤함은 유럽에서 아시아, 그리고 아프리카로 확산되면서 자본주의 시스템을 수용하게 했다. 미각의 측면에서 생각하면 욕망 해방의 시대는 카리브 해의 설탕 플랜테이션에서 시작했다고 해도 과언이 아니다.

단맛 남조(濫造)의 시대

사탕수수는 16세기에 브라질 식민지로 이식되었다. 포르투갈인의 사탕수수 농원이 유대인의 자본과 결부되어 급속도로 증가하면서 브라질의 '설탕의 시대'가 시작되었다. 16세기 후반부터 17세기 전반에 유럽에서 소비된 설탕 대부분은 브라질에서 생산되었다.

17세기 초반에는 네덜란드인이 사탕수수 재배에 발을 들여놓았

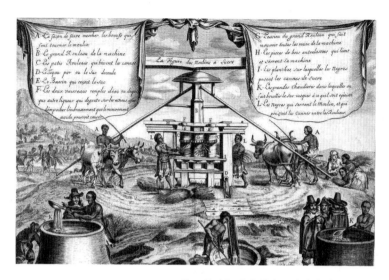

프랑스 식민 농장의 설탕 공장에서 일하는 노예

다. 네덜란드 이민자가 남아메리카 북동부의 가이아나 지역에서 사
탕수수 대농장(플랜테이션)을 시작하고, 17세기 중반 이후, 영국과 프
랑스가 서인도 제도에서 경쟁적으로 설탕을 생산하였다.

'대항해 시대'에 스페인인과 함께 들어온 천연두가 유행하면서
서인도 제도의 선주민들이 대부분 전염되었기 때문에 영국과 프랑
스의 사탕수수 재배는 흑인 노예에 의존할 수밖에 없었다. 영국은
1612년 버뮤다 제도, 1627년 발바도스 섬, 1655년 발바도스 섬의
약 30배인 자메이카 섬을 점령하고, 네덜란드인의 제당 기술을 받
아들이며 '설탕 제도諸島'로 모습을 바꾸었다. 그렇게 18세기에 자메
이카 섬은 브라질을 제외하고 세계 최대의 설탕 생산지가 되었다.

플랜테이션에서는 흑인 노예가 100명 정도 있으면 연간 80톤의 설탕 생산을 기대할 수 있었다. 그 결과, 대량 생산된 설탕의 가격이 저렴해지면서 설탕의 대행진이 시작되었다. 영국인은 설탕의 달콤함의 포로가 되었다. 1660년 이후 영국의 설탕 수입량은 다른 식민지의 상품 생산을 합친 것보다 더 많았다고 한다. 17세기 말, 스페인령인 에스파뇰라 섬 서부(현 아이티)의 생 도맹그를 획득한 프랑스가 사탕수수 재배에 착수하면서 18세기, 생 도맹그는 자메이카에 견주는 설탕의 대생산지로 성장하였다. '대항해 시대' 이후의 카리브 해역의 주산물은 담배였지만, 1700년경 설탕이 담배를 뛰어넘었으며 영국의 설탕 수입 가격은 담배의 2배가 되었다. 서인도 제도의 설탕 생산은 폭발적이었으며 이는 유럽의 맛의 세계를 격변시켰다.

영국의 식탁에서 활개를 펼친 단맛

머지않아 상인들은 설탕을 이슬람 세계의 커피, 중국의 홍차, '신대륙'의 카카오와 결부하여 기호품이라는 새로운 맛의 장르를 만들어냈다. 홍차와 커피에 설탕을 넣어 마시는 습관이 지배층에서 민중으로 확산되고, 설탕의 파트너인 커피, 홍차, 카카오 등이 식탁의 단골손님이 되었다.

18세기 말, 커피와 홍차에 설탕과 우유를 넣어 빵과 함께 먹는 간단하고 포근한 식사 방식이 민중 사이에 퍼지게 되었다. 식탁 위에서 중앙아메리카의 설탕, 자바 섬과 실론 섬의 커피, 중국의 홍차가 만나면서 유럽의 식탁은 전 세계를 아우르는 범위를 갖게 되었다. 이러한 변화를 '식탁 혁명'이라고 한다.

인류학자 시드니 민츠가 그의 저서 《설탕과 권력》에서 "1775년, 잉글랜드와 웨일스의 설탕 소비량은 1663년에 비해 약 20배 증가하였다"라고 기술한 것처럼 카리브 해역에서 영국으로 수출되는 설탕의 양은 급격하게 증가하였다. 1600년, 영국인 1인당 설탕 소비량은 400~500그램이었으나, 17세기에 약 2킬로그램, 18세기에 약 7킬로그램으로 증가하였다. 즉 1650년경에 특권층의 지위를 나타내는 귀중품이자 약품, 양념이었던 설탕이 1750년경에는 부유층의 사치품이 되고, 1850년에는 고가의 생활필수품으로 모습을 바꾸면서 서민의 맛의 세계까지 침투한 것이다.

1900년, 영국인은 칼로리 섭취량의 3분의 1을 설탕에 의존하게 되었다. 그야말로 설탕이 영국을 제패한 것이다. 설탕을 소비하는 것이 영국인이라는 증명으로 간주할 될 정도로, 영국인은 달콤한 설탕의 포로가 되었다. 설탕을 넣은 홍차와 잼을 바른 빵이 서민의 아침 식사로 정착된 것이다.

설탕의 대유행은 프랑스에서도 마찬가지였다. 프랑스의 정치가이자 미식가인 브리야 사바랭은 그의 저서 《미식예찬》에서 설탕이 보급된 상황을 보고 "설탕은 루이 13세(재위: 1610~1640) 시대에 프랑스인에게 막 이름을 알리기 시작한 새로운 식품이지만, 19세기의 우리에게는 이미 빼놓을 수 없는 가장 필요한 존재가 되었다. 오늘날의 부인, 특히 부유층의 부인들은 예외 없이 빵보다 설탕에 더 많은 돈을 소비할 것이다"라고 지적하고 있다.

오늘날 설탕은 세계를 제패하였으며, 이미 빵을 까마득히 앞지르고 있다.

단맛의 보급과 노예무역으로 움직인 거대한 부

사계절이 없는 열대 지방에서는 사탕수수를 일 년 내내 수확할 수 있기 때문에, 심는 시기를 조절하여 1년 6개월 동안 5미터에 가까이 성장한 사탕수수를 수확할 수 있다. 그러나 사탕수수는 수확하면 바로 수액을 잃거나, 수액 속의 당분이 줄어들고 발효되기 때문에 빠르게 압착하고 바짝 졸여 설탕으로 제조하는 작업이 필요하다. 대부분의 플랜테이션이 제당 공장을 부설하여 사탕수수의 재배, 수확, 제당이 하나의 작업 프로세스로 조직된 것은 이러한 이유 때문이다.

브라질이나 서인도 제도 등의 설탕 플랜테이션에서 많은 흑인 노예를 활용한 이유가 여기에 있다. 사탕수수 재배가 좋지 않은 노예무역과 노예 노동을 급격하게 확대시킨 것이다.

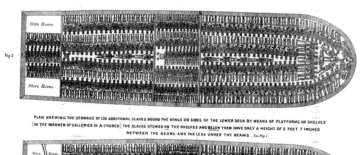

노예선의 구조

1645년에는 발바도스 섬에서 25만 2,500명, 자메이카 섬에서 66만 2,400명의 흑인 노예가 끌려가 설탕 생산에 동원되었다.

참고로 17세기 서아프리카에서 브라질로 흑인 노예와 함께 전해져 미국 전역에 확산된 채소가 아프리카를 원산지로 하는 오크라다. 오크라는 여성의 손가락을 닮았다고 하여 영어로 'lady's finger(레이디즈 핑거)'라고 부르는데, 칼슘, 마그네슘, 비타민류, 카로틴 등을 함유하고 있는 야성적인 식자재로, 토마토와 궁합이 좋다고 알려져 있다. 설탕과 흑인 노예, 그리고 오크라의 기묘한 관계이다.

노예무역을 가장 활발하게 행했던 사람들이 바로 영국인이었다. 영국은 스페인 계승 전쟁(1701~1713)의 강화 조약인 위트레흐트 조약(1713)에서 스페인 식민지에 대한 독점적인 노예무역권(아시엔토)을 획득하고, 나아가 노예선에 노예를 가득 태우는 대량 수송 방식을 고안해 내면서 압도적인 우위에 올라서게 되었다. 영국의 노예 상인은 노예를 겨우 2~3파운드의 가격에 수입하여 15~30파운드로 매각했다고 한다. 그들은 한 번 항해하여 노예를 실어 나르면 약 1만 4,000파운드의 수입을 얻을 수 있었는데, 이는 약 400명의 선원이 1년 동안 놀면서 생활할 수 있는 금액이었다. 영국 리버풀의 노예무역은 약 10개의 회사가 독점하였다. 이렇게 영국은 설탕 생산과 노예무역으로 거액의 부를 축적하고 세계를 주도하게 되었다.

나폴레옹 전쟁과 사탕무당

　냉랭한 토지에서 자란 명아주과의 사탕무는 예로부터 가축의 사료로 사용되었다. 1747년 프로이센의 과학자 마르그라프는 사탕무 뿌리에서 자당蔗糖을 분리하는 것에 성공하였다. 그리고 그의 제자 아카드가 사탕무에서 설탕을 제조하는 기술을 개발하였다.

　사탕무당이 각광을 받은 것은 나폴레옹 시대이다. 1806년 나폴레옹이 대륙 봉쇄령을 내리고 설탕의 수입을 저지하자, 영국은 반대로 봉쇄를 시행하여 프랑스와 식민지 사이의 무역을 방해하였다. 이로 인해 설탕의 가격이 폭등하고 민중의 불만은 증가하였다. 그래서 나폴레옹은 사탕무당의 제조를 장려함으로써 단맛을 요구하는 사람들의 불만을 누그러뜨렸다. 1813년까지 독일에서만 150~200개의 공장이 세워지면서, 사탕무당의 생산이 빠른 속도로 보급되었다.

나폴레옹의 몰락 이후 사탕무당의 생산은 기세가 한풀 꺾였지만, 1840년대에 들어서 산업으로서 체제를 재정비하였다. 사탕무당은 19세기 후반에 황금기를 맞이하였는데, 1852년 20만 톤이었던 생산량이 1900년에 604만 톤으로, 30배 증가하였다. 같은 시기에 사탕수수로 만든 설탕의 생산량은 123만 톤에서 520만 톤으로 증가하였다. 19세기 후반, 설탕 전체의 생산량은 약 8배가 되었으며, 사탕무를 원료로 하는 사탕무당이 사탕수수를 원료로 하는 설탕을 뛰어넘었다. 설탕 생산량이 크게 증가하면서 유럽에 한정되었던 달콤함의 해방이 전 세계로 파급되었기 때문이다.

VI

일상을
유혹하는
단맛

1. 설탕과 커피
2. 홍차 사랑과 동인도 회사
3. '신대륙'의 기호품, 카카오

01
설탕과 커피

처음에 설탕이 있었다

설탕의 생산이 증가하고 시장에 저렴한 설탕이 등장하면서, 맛의 세계에는 쓴맛 조미료인 향신료를 대신해 설탕으로 완화한 쓴맛과 향을 즐기는 습관이 침투하였다. 생존을 위한 식사와는 다른, 기호품 또는 디저트 등으로 불리는 문화적인 맛의 세계가 펼쳐진 것이다.

냄새는 당연히 미각과 밀접한 관계를 맺고 있으며, 식욕을 증진시키고 맛을 이미지화하며 성적 욕구를 강하게 하는 등의 역할을 담당해왔다. 설탕의 달콤함이 쓴맛과 신맛을 부드럽게 만든다는 사실이 밝혀지자 생활 속의 포인트로서 기호품의 대행진이 시작되었다.

예를 들어 일본주, 맥주, 와인은 쓴맛과 단맛 등의 강한 자극과 독

커피 식물과 씨앗

특한 향기, 알딸딸한 기분을 주는 기호품이지만, 식사 시간 등 한정
된 시간에만 섭취할 수 있었다. 그래서 상쾌한 흥분 효과와 독특한
향기, 쌉쌀한 맛을 지닌 커피와 홍차 등을 생활 속의 포인트로 받아
들이게 되었다. 커피나 홍차에 함유된 카페인은 중추신경을 흥분시
키고 신체의 대사를 촉진시키며, 마시면 머리가 개운하고 상쾌해지
는 기분을 느낄 수 있다.

　커피와 홍차 등의 새로운 기호품은 마시면 취하는 와인이나 맥주
와는 완전히 성질이 달랐다. 노동과 직업을 중시하는 자본주의의 윤
리 정신에 맞아떨어지는 것이었다. 욕망의 맛인 설탕이 커피, 홍차

등의 쓴맛과 신맛을 잘 가려준 것이었다.

본래 기호품은 중국과 일본의 차茶처럼 각 전통 사회의 맛을 지니고 있었다. 그러나 유럽에 퍼진 기호품은 자본주의 경제라는 세계적인 시스템과 결부되어, 멀리 떨어져 있는 지방의 쓴맛과 신맛을 인공적인 맛으로 재편하고, 식자재 재배를 식민지로 확장시켰다는 특색이 있다. 유럽인은 설탕, 커피, 홍차, 카카오 등을 각 지역으로 이식하여 인공적으로 기호품의 공급원을 만들어낸 것이다. 점점 커지는 자본주의 경제 속에서, 맛의 세계가 개발되고 새로운 장르와 다양한 맛의 소재를 발견했으며, 대량 생산시킨 것이다.

커피는 염소를 춤추게 한다

커피의 원산지는 에티오피아 서남부라고 추측되며, 커피에는 대략 50~60가지의 원종이 존재한다. 에티오피아에서 발견된 커피와 관련하여, 1561년에 레바논의 언어학자 파우스트 나이로니가 간행한《잠들지 않는 수도원》에서 다음과 같은 유명한 전설을 소개하고 있다.

에티오피아의 목동 칼디는 자신이 기르는 염소가 어떤 관목의 열매를 씹은 뒤, 밤에도 잠들지 않고 흥분하여 소란을 피우는 모습을 미심쩍게 생각하여 수도사들에게 알렸다. 수도사는 약효가 있는 어

떤 열매를 먹었다는 생각에 주변을 탐색하다가, 염소가 먹은 흔적이 있는 커피나무의 열매를 발견하였다. 커피 열매를 먹으면 졸음이 달아난다는 사실을 깨달은 수도사들은 커피 열매 덕분에 늦은 밤의 기도 시간에 졸음을 쫓아낼 수 있었다.

그러나 이는 매우 애매한 이야기로, 단순히 커피가 수도사의 생활과 접점을 갖게 된 유래에 관한 설명에 불과하다. 커피의 기원은 매우 모호하지만, 본래 커피처럼 생활에 밀착된 음식은 일반적으로 유래가 혼란스럽다.

커피는 아프리카 동부 연안의 하라르 지방에서 건너편 연안인 아덴(아다나)과 모카(무자)로 전달되었다고 한다. 여기는 본래 아프리카 동부에서 생산된 향료와 유향의 거래로 번영한 항구였다. 1세기에 쓰인 《에리트라해 안내기》에는 오늘날의 모카인 무자muza만에 대해 "항구는 아라비아인 선주와 선원으로 엄청난 활기를 띠고 있다. 그들은 반대편인 지부티 부근에도 배를 보내 거래한다"라고 기술하고 있다. 커피가 아라비아반도에 전파된 것은 지극히 자연스러운 일이었다.

아라비아에서는 맨 처음에 붉은 커피 열매를 그대로 섭취하고, 씨앗을 분말로 만들어 버터를 이용해 공 모양으로 굳혀 휴대 식량으로 활용하였는데, 얼마 지나지 않아 열매를 발효시켜 음용하게 되었다. 하지만 커피의 약효는 알 만한 사람은 다 알 정도였다. 페르시아의 철학자 이븐 시나(980~1037)는 그의 대저《의학 전범(The Canon of Medicine, 알까눈 피 알팁브)》에서 커피콩을 '분(bunn)'이라 부르며 "좋은 커피콩은 밝은 레몬색이며 좋은 향이 있다. 희고 무거운 맛이 나는 것은 좋지 않다. 따뜻하게 입에 감기는 것이 가장 좋으며, 사람에 따라서는 차가운 것이 좋을 수도 있다. 심신을 위로하고 피부를 깨끗이 하며, 체내의 수분을 제거하고 몸속을 좋은 향으로 채운다"라고 서술하고 있다.

로스팅을 통해 주류가 된 커피

브리야 사바랭의 말을 빌릴 필요도 없이 커피의 생명은 커피콩에 열을 가하는 '로스팅'이다. 로스팅이라는 공정이 더해지면서 커피는 처음으로 커피가 되었다. 1450년경 페르시아에서 최초로 로스팅을 했다는 이야기가 있지만, 정확하지는 않다. 로스팅이 그렇게 새로운 것일까? 로스팅이 새롭다는 것은 기호품인 커피의 역사도 새롭다는 이야기가 되는 것이다.

커피를 향기가 있는 음료로 인식하게 된 경위를 기록한 서적으로는 1587년에 저술된 아브달 가딜의 《커피 유래서: 커피의 정당성에 관한 결백한 주장》이 유명하다. 1278년, 수행자 오마르가 도덕적 실수를 저질러 모카에서 북쪽으로 약 100km 떨어진 우사브 지방의 산중으로 추방되었다. 배고픔을 이기지 못한 오마르가 스승 알샤드힐리의 이름을 외치자 작고 아름다운 새가 날아와 어느 나무의 가지에 앉아 신비한 소리로 울었다. 오마르가 가까이 다가가 보니, 그 나무에는 커피 열매가 있었다. 그 열매를 먹고 너무 맛있었던 오마르는 동굴로 열매를 가지고 들어가 끓여보고는, 그것이 훌륭한 향과 약효를 가진 열매라는 사실을 깨닫게 되었다. 그 후 오마르는 우려낸 커피로 신자들의 질병을 치료하였는데, 그 평판이 장관의 귀에도 들어갔다. 그 결과 오마르는 사면을 받았을 뿐만 아니라, 성인으로도 존경을 받았다고 적혀 있다. 실제로 존재하는 인물인 오마르는 13세기의 이슬람 신비주의 교단의 지도자 중 한 사람이다.

커피 열매를 달여 마시는 관습은 아라비아반도 남단부의 예멘 지방에서 직관과 명상을 통해 신과의 합일을 추구하는 이슬람 신비주의(수피) 수행자에 의해 시작되었다. 커피의 어원은 아랍어로 와인을 의미하는 '카와qahwa'이다. 카와는 달여서 만든 음료를 가리키는데, 원래 과실주의 이름이었다. 한 이야기에 따르면 당분이 많은 커피콩을 가루로 만들고 발효시켜 만든 술이 수행자 사이에서 비밀리에 퍼졌다고 하는데, 이슬람교 경전인 《코란》에서는 음주를 금지하고 있기 때문에 커피콩이 발효하지 않도록 열을 가한 것이 로스팅의 시작이라고 전해진다. 카와는 터키어로 'kahve(카베)'라고 하며, 이는 영어 'coffee(커피)'와 프랑스어 'café(카페)'로 바뀌었다고 한다.

기록이 남아있지 않기 때문에 연대를 특정할 수는 없지만, 아라비아반도의 각지에서 생산된 커피를 홍해 동부 연안의 시장에 모아 배를 통해 수에즈로 운반하고, 심지어 낙타의 등에 싣고 알렉산드리아로 운반하였다. 인도와 동남아시아 각지에서 생산된 향신료와 함께 커피는 홍해를 건너 이집트로 건너간 것이다.

향기 문화의 중심지에서 기른 커피는 당연히 향기 음료이며, 콩을 볶으면서 식탁의 스타가 되었다. 브리야 사바랭은 "생두를 달인 국물 따위는 일반적으로 의미가 없는 음료이다. 오히려 탄화 덕분에 향기와 기름이 추출되며, 이는 오늘날 우리가 마시는 커피의 특징이라고 할 수 있다. 실제로 열이 개입하지 않았다면 우리는 커피의 향기를 영원히 알지 못했을 것이다"라고 기술했다. 정말 맞는 말이다.

16세기로 들어서자 아라비아인 사이에서는 커피콩을 볶아 막자사발에 간 후, 끓인 물을 넣고 향신료를 추가하여 마시는 습관이 확산되었다.

18세기 카이로의 커피하우스

16세기 초반, 맘루크 왕조가 다스리는 카이로의 시장에는 이미 커피숍이 있었다는 기록이 있는데, 이를 통해 당시에는 커피의 음용이 꽤 보급되어 있었다는 사실을 이해할 수 있다. 1511년 맘루크 왕조 메카의 통치자였던 카이르 베이가 모스크의 일각에서 사람들이 술을 마시듯 커피를 마시는 모습을 보고 커피의 음용을 금지하고 커피를 소거하였으며, 커피를 마신 사람에게 채찍질을 명하였다. 하지만 술탄이 커피를 매우 좋아했기 때문에, 커피의 음용은 이미 보급되었다고 단념하고, 바로 다음 해에 카이르 베이의 조치를 새롭게 수정했다고 한다.

오스만 제국에서는 수도 이스탄불을 비롯한 각 도시에 '커피의 집'이라고 부르는 곳이 보급되면서 서민의 휴식과 정치 활동, 상담의 공간이 되었다. 16세기 중반, 예루살렘에서는 카페가 나태한 불량배들의 아지트가 된다고 하여 폐쇄를 명한다는 칙령이 내려지기도 하였다. 그리고 커피는 17세기, 유럽으로 전파되었다.

커피의 세계 상품화

17세기, 커피의 음용이 확산된 유럽의 여러 국가는 이슬람 세계에서 많은 커피를 수입하였다. 대신 커피의 대가로 많은 양의 은이 이슬람 세계로 흘러 들어갔다. 커피의 주요 산지인 예멘에서는 독점적 이익을 보호하기 위해 커피 묘목의 유출을 엄격하게 금지하였다. 그러다가 1600년경 한 인도의 순례자가 터번에 커피 씨앗을 숨겨 남인도로 가지고 나가 재배에 성공하였다.

17세기가 되어 상품 작물인 커피의 높은 수익성에 주목한 네덜란드는 커피 재배의 가능성에 관한 연구 및 조사를 착수하였다. 수많은 시행착오 후, 1699년 동인도 회사의 지배인의 제언을 바탕으로 남인도에서 재배한 커피 묘목을 자바 섬으로 이식하여 재배에 성공하였다. 네덜란드는 저렴한 자바 섬의 커피로 유럽 시장을 석권하고, '세계적인 커피 상인'이 되었다. 경쟁에서 패배한 영국의 동인도 회사는 홍차 무역으로 전향하였으며, 이후 영국은 홍차 애호국으로 바뀌었다.

1706년에는 자바 섬의 커피 묘목 한 그루를 네덜란드 암스테르담 국립식물원으로 옮겨 심는 데 성공하였다. 1718년, 그 묘목에서 얻은 씨앗을 남아메리카 수리남으로 이식하였는데, 그것이 프랑스령인 가이아나로 전해지고 1727년에 브라질로 전파되었다. 미국에서의 커피 재배는 한 그루의 묘목에서 발단된 것이다.

반면 프랑스의 해군 장교인 가브리엘 마디외 드 클리외는 1714년 네덜란드 암스테르담 시장이 루이 14세에게 선물하여 파리 식물원으로 이식된 암스테르담 국립식물원의 커피 묘목을 고생 끝에 손에 넣었다. 그리고 2개월이 넘는 항해 끝에 1720년(다른 설에 의하면 1723년), 서인도 제도의 마르티니크 섬으로 옮겨 심었다. 커피를 달여 마시는 방법이 프랑스로 확산된 것은 그즈음이다.

1730년에는 자메이카 섬으로 커피가 건너가면서 블루마운틴이라는 명품 커피를 탄생시켰다. 커피 재배가 상업의 전략 작물로써, 한 식물원에서 미국의 각 지역으로 확산되었다는 점이 매우 흥미롭다.

02

홍차 사랑과 동인도 회사

만들어진 홍차 유행

1619년 네덜란드인이 최초로 중국에서 유럽으로 차茶를 가지고 들어왔다. 당시의 차는 중국 푸젠 지방의 우롱차인 무이차武夷茶와 저장 지방의 녹차, 그리고 천태차天台茶였다고 전해진다. 네덜란드 상인에 의해 중국의 맛이 이동한 것이다. 영국에서는 육식과 잘 어울리는 무이차의 인기가 점점 높아지게 되었다. 네덜란드인은 고객인 영국인의 기호에 맞게 완전 발효된 무이차를 영국에 전달하였다.

홍차가 영국에 처음 유입된 것은 1630년대였다. 당시 세계에서 유일한 차 수출국이었던 중국은 찻잎을 절반만 발효시킨 우롱차를 더 선호하였으며, 완전 발효된 홍차는 중국에서 먹지 못하는 차로 분류되었다. 찻잎이 검정색을 띠고 있는 홍차는 '흑차'라고도 불렀다. 영어로 홍차를 '블랙티black tea'라고 부르는 이유도 그 때문이다.

명예혁명(1688~1689) 이후, 네덜란드에서 남편과 함께 건너와 영국의 왕이 된 메리 2세(1662~1694)는 네덜란드에서 홍차와 도자기를 가지고 들어왔으며, 앤 여왕(1665~1714)이 아침 식사로 홍차를 마시는 '모닝 티morning tea'의 관습을 확산시켜 차를 즐기는 것을 하나의 지위로서 확립시켰다.

18세기가 되자 영국에서는 차를 마약처럼 계속 마시면 중독된다는 주장과, 반대로 차가 여러 질병에 약효가 있다는 주장이 대립하는 논쟁이 전개되었다. 이러한 가운데 차를 즐기는 끽차喫茶가 사회적 지위를 나타내는 생활 습관으로 특권층 사이에서 확산되었다. 그러나 차에 고액의 소비세를 부과하여 17세기 말에는 차의 수입량이 연간 35~45톤에 불과했다.

커피보다 홍차

18세기에는 커피콩을 이식하고 자바 섬에서 커피 재배를 시작한 네덜란드의 동인도 회사가 유럽의 커피 시장을 완전히 지배하게 되었다. 이에 따라 예멘의 항구도시 모카에서 이슬람 상인에게 비싼 커피콩을 구매하는 영국의 동인도 회사는 가격 경쟁에서 밀릴 수밖에 없었다. 그래서 영국의 동인도 회사는 커피에 대항하는 상품으로 홍차를 보급하기 위해 노력하였다.

18세기 초기에는 동인도 회사가 대량으로 사들인 찻잎의 6분의 5가 녹차였지만, 1740년대가 되면서 홍차의 수입이 급격하게 증가하였다. 본격적인 홍차의 시대가 찾아온 것이다. 1680~1740년에 걸쳐 동인도 회사의 대량 구입으로 홍차의 가격은 8분의 1로 저하되었다. 민중들도 동경의 대상인 홍차를 마시려고 했다.

동인도 회사의 홍차 수입량은 1720년대에 연간 900만 톤에서 1750년대에 연간 3,700만 톤까지 급증하였으며, 홍차의 맛과 향은 빈부와 관계없이 침투하여 영국의 국민 음료가 되었다. 18세기 초, '탐스 커피 하우스'를 경영하던 토머스 트와이닝이 홍차의 도매를 시작하였다. 1710년대에 트와이닝에게 차를 구입한 약 900명의 고객 목록이 오늘날까지 남아있다고 한다.

1760년대 이후 산업혁명이 진행되자, 노동자가 마시는 저렴한 음료로 여러 가지를 첨가한 홍차가 시장에 대거 등장하면서 홍차의 수요가 급격하게 증가하였다. 차 상인이 저렴한 차에 무언가를 혼합하는 것이 일반화되었으며, 진짜 잎과 가짜 잎을 7:4의 배합으로 섞은 홍차가 시장에 나돌았다. '차에 무언가를 섞는 것'을 의미하는 신조어가 생겨날 정도였다고 한다.

영국에서 애프터눈티afternoon tea 관습이 시작된 1830년대에는 한 번 사용한 홍차를 착색하여 새로운 차와 혼합해 팔아넘기는 것이

성행하였는데, 연간 8만 톤의 찻잎이 이러한 목적으로 회수되었다
고 한다. 홍차에 설탕을 넣어 한 번 더 마셨던 것이다.

너무 뜨거웠던 홍차

유럽에서 홍차를 마시는 습관이 확산되면서 유일한 홍차 수출국
인 중국은 수출량 상승세의 길을 걸었다.

18세기가 되면 영국의 동인도 회사가 중국의 홍차 무역을 거의
독점하는데, 습기를 머금기 쉬운 홍차를 배의 바닥에 직접 실을 수
없어 도자기를 밸러스트(바닥짐)로 함께 유럽으로 운반하였다. 도자
기의 비율은 홍차의 6% 정도였다. 18세기 연평균 4,000톤이었던
홍차 수입량에 비해 도자기는 약 240톤 정도 수입했다고 추측할 수
있다.

영국에서는 차를 마실 때 도자기인 찻주전자와 찻잔을 사용하는
데, 대부분 중국에서 수입한 물건이었다. 그러나 중국에서는 찻주전
자를 사용하는 관습이 없었으며, 차를 따라 마시는 종지인 찻종에도
손잡이가 달려있지 않았다. 홍차용 도자기는 영국인의 특별 주문품
이었던 것이다.

18세기 영국인은 찻주전자에 뜨거운 물을 넣고 짧은 시간 동안
차를 우리고 설탕을 잘 녹인 후, 단맛이 고루 퍼지도록 뜨거운 홍차

를 컵에 따라 마셨다. 그래서 컵의 손잡이가 더욱 필요하게 되었다. 18세기 말까지 중국에서 수입한 찻잔은 유럽에서 제작한 도기보다 가격이 저렴하였고, 중국풍 디자인인 시누아즈리chinoiserie가 유행하면서 중산 계급에 넓게 보급되었다.

17세기 말부터 18세기 말의 약 100년 동안 영국인 1인당 약 5개의 찻잔을 샀을 것이라는 추측도 있다. 그리고 1704년, 독일의 마이센에서 도기가 만들어지면서 점차 유럽에서 제작한 찻주전자와 찻잔이 보급되기 시작하였다.

영국의 차茶 사랑은 하나의 지위로서 왕실에서 귀족, 그리고 민중으로 전달되었다. 홍차를 마시는 습관의 전파에 관해 다음과 같이 생각할 수 있다.

⑴ 당시 가장 부유하고 국제성을 지닌 네덜란드 지배층의 차를 즐기던 풍습이 영국의 상류 계층으로 전파되었다.

⑵ 왕정복고 시기에 찰스 2세와 결혼한 포르투갈 브라간사 왕가의 캐서린 여왕이 차를 좋아하여, 중국에서 제작된 차 도구, 중국차, 브라질산 설탕을 들여와 궁정의 여성들에게 설탕을 넣어 차를 즐기는 습관을 전파하였다.

⑶ 청교도혁명 시기, 네덜란드에 망명한 영국의 귀족들이 네덜란드의 차를 마시는 풍습을 익혀 귀국하였다.

소서를 이용해 차를 마시는 모습
콘스탄틴 마코프스키, 1914년

네덜란드에서는 주전자 또는 포트에 찻잎과 뜨거운 물을 넣고, 시간이 조금 지난 뒤 작은 찻종에 따라 마시는 방법으로 차를 즐겼는데, 이는 중국에서 차를 즐기는 방법과 크게 다르지 않다. 부유한 사람들은 차에 설탕을 넣어 마셨다고 한다.

찻잔의 소서가 필요해진 이유는 설탕을 녹이기 위해 뜨겁게 해야만 했던 홍차를 적절한 온도로 식히기 위해서, 또는 찻잎을 뺀, 침전물 위의 맑은 액체만 마시기 위해서 또는 홍차를 마시는 방법을 복잡하게 만들기 위해서 등으로 추측할 수 있다. 당시 찻잔의 받침 접시는 'dish(디시)'라고 부르는 깊은 접시였는데, 이는 컵과 함께 따라오는 것이 아니었다. 17~18세기의 유럽에서는 컵에 담긴 홍차를 받침 접시에 다시 따라 마셨는데, 20세기 초까지 영국에 소서가 남겨진 것은 매우 예외적인 일이었으며 점차 사라지게 되었다.

홍차를 소서에 따라 마시는 것이 예의에 어긋난다고 간주되면서 아무런 쓸모가 없어진 받침 접시는 장식의 성격이 강해지게 되었다. 그리고 컵과 받침 접시는 세트로 여겨져 통일된 디자인으로 제작했다.

17~18세기 유럽의 왕후와 귀족 사이에서는 시누아즈리라고 부르는 중국 취미가 유행하고, 도자기도 중국풍 디자인이 선호되었다. 컵 또한 중국 찻종의 모양처럼 손잡이가 달려있지 않았다. 영국에서는 19세기로 들어서면서 홍차의 컵에 손잡이가 생기기 시작했다. 찻잔에 손잡이를 만들면 뜨거운 홍차도 그대로 마실 수 있기 때문에, 받침 접시는 의미가 없어졌다고 생각할 수 있다. 컵의 손잡이와 받침 접시는 홍차의 맛과 밀접한 관계가 있다는 것이다.

03

'신대륙'의 기호품, 카카오

아스테카 제국의 강장제

'코코아'는 아마존강 유역이 원산지인 카카오의 씨앗을 건조시켜 분말로 만든 아스테카 제국의 쌉쌀한 맛 음료이다.

'카카오'라는 이름은 중앙아메리카의 아스테카족과 마야족이 그 나무 또는 열매를 '카카아토르' 혹은 '카카우'라고 불렀던 것이 스페인어로 바뀌었다고 추측한다. 스웨덴의 식물학자 린네가 명명한 코코아의 학명은 '테오브로마 카카오theobroma cacao'이다. '테오'는 남성신, '브로마'가 음식을 가리키는 이 이름은 '신의 음식', 즉 신에게 바치는 최고의 음식을 의미한다.

아스테카 제국에서 쓴맛이 나는 카카오는 약이자 강장제였다. 사

테오브로마 카카오

람들은 나무의 줄기나 가지에 달린 카카오의 열매에 신비한 약효가 있다고 생각했다. 길이가 15~20cm 정도 되는 방추사 모양의 열매에는 40개 정도의 씨앗이 있으며, 한 그루의 카카오나무에서 연간 70~80개의 열매를 채집할 수 있다. 즉 한 그루의 카카오나무에서 수확할 수 있는 씨앗은 약 3,000개 정도였다. 그리고 수확된 이후, 카카오의 씨앗이 발효되면서 내부의 배아가 죽는다.

카카오는 기원 200년에 성립한 마야 문명에서 사회적 지위를 확립하였다. 중앙아메리카의 마야족은 카카오라는 단어와 가공법을 멕시코의 아스테카 제국에 계승하였는데, 카카오 씨앗을 옥수수 열매와 함께 부수어 그것을 물에 끓인 후, 고추를 첨가하여 페이스트 형태의 강렬한 풍미를 지닌 음료를 만들었다. 카카오를 마시는 습관을 이어받은 아스테카족은 그것을 '쇼콜라틀'이라고 불렀다. 초콜릿처럼 고체 형태의 식품이라고 생각하기 쉽지만, 마야나 아스테카에서는 카카오 콩을 갈아 으깨어 음료로 만들었다. 마야 문명에서는 '에크추아(검은 대장)'라고 불리는 전쟁의 신을 카카오 재배의 수호신이라고 여겼기 때문에 카카오에 강장 작용이 있다고 믿었다.

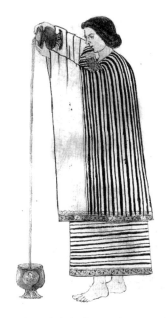

한 용기에서 다른 용기로 초콜릿을 부어 거품을 발생시키는 아즈텍 여성

실비아 존슨의 《세계를 바꾼 채소》에서는 아스테카 제국이 피정복민에게 카카오의 공납을 부과하고, 매년 980자루의 카카오(1자루에 정확하게 2만 4,000개의 카카오 콩이 채워져 있다)를 수도 테노치티틀란에 납입하게 했다고 한다.

아스테카 제국에서 카카오는 왕에게 바치는 공납품이자, 한 개한 개의 씨앗이 화폐로 이용되었다. 카카오 콩 100알을 노예 한 명과 교환할 수 있을 정도로 카카오의 씨앗은 매우 고가였다.

1521년, 스페인의 정복자 코르테스가 36세의 나이로 보병 500명, 대포 14문, 말 16마리로 아스테카 제국을 멸망시켰을 때, 카카오는 스페인 사회에 희귀한 음료라고 소개되었으며, 초콜릿으로 귀족들 사이에서 확산되었다.

설탕으로 맛을 바꾼 카카오

스페인의 왕후와 귀족들 사이에서는 스페인어로 '카카오 음료'를 의미하는 '초콜릿'이 유행하였는데, 초콜릿은 고추 대신에 바닐라와 설탕을 넣은 달콤한 음료였다. 욕망을 부추기는 설탕이 카카오를 유럽화시킨 것이다. 머지않아 초콜릿에 시나몬, 육두구, 클로브 등 아시아의 향신료를 첨가하기도 하였으나, 다른 무엇보다 설탕이 카카오의 맛을 가장 크게 바꾸어 놓았다.

초콜릿은 약 100년 동안 스페인 국내에만 머무르고, 외부로 나가지 않았다. 스페인인이 초콜릿의 맛을 독차지했던 것이다. 그러나 스페인의 왕비인 안 도트리슈가 프랑스의 루이 13세(재위: 1610~1642)와 결혼한 17세기 초, 초콜릿이 프랑스 귀족들 사이에서 최고의 음료로 확산되면서 프랑스와 이탈리아에서 빠르게 유행했다. 그 결과 카카오는 멕시코의 생산만으로 부족하여 베네수엘라에서도 재배를 시도하게 되었다.

처음에 카카오는 스페인이 독점 판매의 체제를 취했기 때문에 중앙아메리카에서 스페인으로만 수출되었지만, 1525년 카리브 해의 드리니다드 섬으로 카카오를 이식한 후에는 베네수엘라에도 카카오 농장이 설치되었다.

현재 베네수엘라의 수도인 카라카스는 1567년에 건설되었는데, 원래 플랜테이션으로 생산된 카카오의 집산 도시였다. 1694년 시점의 베네수엘라에는 카카오나무 37만 그루와 카카오 농장에서 일하는 흑인 노예 약 1만 6,000명이 존재했다. 단맛 조미료인 설탕이 유럽에서 대중화되면서 카카오의 음용은 더욱 확산되었다. 18세기에는 베네수엘라에서 재배된 카카오나무가 약 500만 그루, 사역된 흑인 노예가 약 20만 명으로 크게 증가하였다.

스페인의 카카오 독점을 무너뜨린 나라가 17세기 대양의 패권을 확립한 네덜란드이다. 네덜란드인은 서인도 제도의 남부에 있는 퀴라소 섬에서 생활하면서 베네수엘라의 카카오를 유럽에 수출하기 시작하였다. 코코아를 마시는 습관이 유럽 제국에 확산된 18세기 말, 카카오 재배를 베네수엘라로 제한한 스페인의 정책이 완화되어 에콰도르 등 주변 지역으로도 재배가 확산되었다. 1888년, 포르투갈로부터 독립한 브라질에서 노예 제도가 금지되자, 그를 계기로 사탕수수 농장에서 사역되었던 해방 노예가 영세한 농지에서 카카오 재배를 시작했다. 1900년에는 브라질을 중심으로 한 남미 지역이 세계 카카오 생산의 80% 이상을 차지했다.

17세기에는 스페인인이 필리핀으로 카카오를 이식하고, 이어서 네덜란드인이 실론 섬과 인도네시아의 섬들에 카카오를 옮겨 심었다. 또한 네덜란드인이 서아프리카의 기니만에 있는 상투메 섬으로 카카오를 가지고 들어갔으며, 1878~1879년에 걸쳐 현지인들이 서아프리카로 옮겨 심었다.

VII

변화를
추구하는
입맛

1. 분리된 단맛과 기호품
2. 일본에서 처음 발견한 감칠맛
3. 도시의 시대와 변하는 입맛

01

분리된 단맛과 기호품

빠르게 변화한 '설탕의 시대'

17세기, 많은 양의 설탕이 유럽 시장에 쏟아지면서 향신료 중심에서 설탕 중심의 시대로 이동하게 되었다. 한때는 대부분의 고기 요리에 설탕이 사용되었다고 한다. 향신료의 시대에서 달콤한 설탕의 시대로, 유럽의 맛의 세계가 크게 전환된 것이다.

하지만 설탕의 달콤함은 너무나도 독재적이었으며 강력했다. 설탕의 단맛은 다른 식자재의 맛을 희미하게 만들고, 맛의 세계를 '단맛'이라는 하나의 색으로 덮어버렸다. 그동안 지니고 있던 단맛에 대한 인간의 욕구가 폭주하면서 맛의 세계를 파괴해버렸다. 요즘에도 우연히 설탕 덩어리와 같은 디저트를 보고 깜짝 놀라는 경우가 있는데, 이것이 바로 '설탕의 시대'의 산물이라고 할 수 있다.

단맛의 거품 시대는 그리 오래 가지 않았다. 광란의 시대가 끝나자 사람들은 화려한 차림의 표면적인 맛이 벗겨진 자연의 맛의 훌륭함을 깨닫게 되었다. 향신료나 설탕의 시대처럼 외부에서 맛을 더하는 것이 아니라, 식자재 본연의 맛에 가치가 있다는 사실을 재확인한 것이다.

18세기 이후, 프랑스의 요리사는 향신료 등 이국적인 재료의 과도한 사용을 피하고, 요리 기술로 경쟁하게 되었다. 요리는 맛의 균형이 가장 중요하다는 사고방식이 강해지면서 식자재의 미묘한 맛을 끌어내기 위한 요리 기술의 복잡화와 세련화가 요구되었다. 가스트로노미가 시대의 흐름이 되어, 맛의 주인공은 식자재 그 자체의 감칠맛으로 변하였다. 사치스러운 향신료 등을 사용하지 않고 귀족 요리를 서민 요리와 차별화시키는 것이 프랑스 요리법의 복잡화와 세련화를 진행시켰다.

요리사에 의해 기존의 요리법이 세련화되고, 섬세한 맛의 조화를 탐구하게 되었으며, 세계 각지에서 건너온 식자재와 향신료, 조미료를 효과적으로 사용하는 방법 등이 연구되었다. 프랑스 요리를 중심으로 가스트로노미가 유럽의 맛의 세계를 주도하게 된 것이다.

플랜테이션으로 대량 생산된 설탕은 커피, 홍차, 코코아, 케이크, 과자 등과 결합하여 새로운 달콤함의 세계를 만들어냈다. 식사에서 분리된 기호품이 맛의 세계에서 가장 큰 부분으로 성장한 것이다.

공명을 얻은 가스트로노미

18~19세기는 사회 시스템의 대전환기였다. 비슷한 시기에 일어난 프랑스 혁명과 산업혁명이라는 이중 혁명으로 유럽 세계는 엄청난 변화를 겪었다. 귀족 시대에서 도시 부르주아지 시대로의 전환이었다. 귀족의 전속 요리사가 마을의 레스토랑에서 맛을 선보이게 된 것이다.

도시에는 레스토랑이 보급되고 전문 요리사에 의해 맛의 개발이 적극적으로 진행되었다. 프랑스 혁명 이전에는 겨우 50곳 정도 있었던 레스토랑이 40년 후인 1872년에는 3,000곳 정도로 증가하였고, 매일 파리의 시민 6만 명이 레스토랑에서 식사를 하게 되었다. 맛을 상품으로 판매하는 레스토랑이 급증하고, 새로운 맛이 경쟁을 통해 계속해서 탄생했다.

프랑스 요리는 프랑스 혁명 이전, 부르봉 왕조 아래에서 형태를 정비하여 궁정 문화와 결부된 격식 있는 정찬인 오트 퀴진haute cuisine이 유럽의 국제 요리가 되었으나, 프랑스 혁명 이후에는 요리사가 직장을 잃게 되면서 그때까지 귀족이 독점하던 미식이 레스토랑과 손을 잡게 되었다. 미식의 사회화와 민중화가 이루어진 것이다.

훌륭한 맛을 창조하면 레스토랑의 평판이 올라가고 고객도 증가한다. 전통과 관습의 구속력이 약한 도시에서는 전문적으로 맛을 만드는 요리사들의 경쟁을 통해 다채로운 맛이 꽃을 피웠다. 전문 요리사는 서민의 가정 요리와 지방 요리를 더욱 세련되게 만들고, 해외와 국외에서 가져온 다채로운 식자재를 다루면서, 식자재의 고유한 맛을 끌어내고 섬세한 맛의 체계를 구축해 나갔다.

아무리 천재적인 요리사라도 무에서 유를 창조하는 것은 불가능하다. 그들은 국외에서 들여온 이국적인 식자재를 전통 요리와 조화시켜 소재의 맛을 살린 지방의 맛을 재평가하고 조합하며, 다시 만들고 가다듬는 과정을 통해 아름답고 새로운 맛을 창조하여 요리서로 만들어 후세에 전달하였다. 요리사들은 경쟁하듯 자신의 아이디어를 공표하고 평가와 평판을 얻기 위해 노력한 것이다.

전문 요리사는 향신료와 설탕을 사용해 식자재의 본연의 맛을 감추는 것을 비열하다고 주장하고, 식자재의 맛을 풍성하게 만드는 소스를 개발하여 맛의 세계의 혁신을 도모하였다. 조미료와 향신료, 설탕은 그저 조연에 불과했다. 식자재 본연의 맛, 맛의 균형이 중시되면서 식자재 고유의 맛에 대한 평가와 감칠맛의 창조로 회귀하게 되었다.

이러한 흐름 속에서 그동안 습관화되어 있었던 맛의 세계에 전문 요리사가 창조하는 개인적인 맛이 편입되면서, 맛이 심화되고 확산되었다. 18세기의 프랑스 귀족들이 소스와 요리에 자신의 이름을 붙여 즐기게 된 것은 개인의 맛을 중요하게 여긴 시대의 풍조를 반영하고 있다.

1739년, 파리의 한 요리사가 출판한 《코무스의 선물(Les Dons de

Comus)》이라는 요리책에서 "프랑스인이 유럽에 유행시킨 과거의 요리는 겨우 30년 만에 유럽 전역으로 확산되었다. 과거의 요리를 토대로 한 현대 요리는 변화가 매우 많고 다양하지만 장식이나 지나친 곁들임은 적고, 단순하지만 단조롭지 않다. 과거의 요리는 매우 복잡하였으며, 그 세부적인 부분에 관해서는 끝이 없을 정도였다. 현대 요리는 일종의 과학이다. 요리사의 기술은 음식을 분해하고 소화하기 쉽게 만들며, 요리의 본질을 발전시키는 데 있다. 영양이 풍부하고, 게다가 가벼운 감칠맛을 끌어내면서, 함께 어우러지고, 특별히 뛰어나게 돋보이는 맛 없이 모두 느껴지도록 하는 것이다. 화가가 그림물감을 섞어 하나의 색을 만드는 것처럼, 다양한 맛에서 섬세하고 날카로운 단 하나의 맛을 만들어내는 것, 즉 모든 맛이 하나가 되어 빚어내는 조화. 이것이 요리의 궁극적인 목적이며 걸작이라고 할 수 있다"라고 기술하고(장 프랑수아 르벨의《뛰어난 맛과 요리솜씨의 역사》에서 인용), 17~18세기에 프랑스 요리가 활발하게 변화했다는 점을 강조하고 있다. 겉치레나 외형이 배제되고, 맛의 조화를 추구하게 된 것이다.

이렇게 새로운 맛을 만드는 경향이 미식학, 식도락을 의미하는 '가스트로노미'다. 간단히 말해 가스트로노미는 맛있는 요리를 만드는 것, 그리고 맛있는 요리를 먹는 것을 의미한다.

그리스어로 '가스트로'는 위와 장, '노미'는 학문과 법칙을 의미하므로 가스트로노미는 '맛의 추구를 위해 필요한 학문 또는 법칙'이

장 앙헬름 브릴라 사바랭

라는 뜻이며, 박물학, 문학, 요리 기술, 경제 등 다양한 분야를 다루고 있다.

1815년, 《미식예찬》을 출판하고 미식을 계통적이고 종합적으로 해명하려고 한 브리야 사바랭은 미미학美味學에 대하여 다음과 같이 서술하였다.

"미미학은 인간의 일생을 지배한다. 인간은 태어나자마자 어머니의 젖을 찾으며, 죽음에 직면해도 역시 약간의 기쁨을 가지고 최후의 한술을 뜬다. 안타깝게도 소화할 능력도 없는데도 불구하고. 또한 이것은 사회의 모든 계층과 이어진다. 왕자의 향연을 주재하는 것도 미미학이라면, 적당한 반숙란을 얻기 위해 몇 분을 익혀야 하는지 알려주는 것 역시 미미학이다."

브리야 사바랭은 '요리'란 식자재의 최고의 맛을 끌어내고 조화시키는 행위라고 주장하며, 맛의 세계를 '재생'하는 것, 다시 말해 맛의 르네상스를 제창하였다.

맛 지도와 맛의 등급

레스토랑이 맛을 경쟁하게 되자 맛에 대한 정보와 레스토랑의 맛에 대한 비교가 필요해졌다. 미식가들은 훌륭한 맛을 체험하기 위해 정보와 맛에 관한 등급을 제공받길 원했다. 맛의 상품화가 확대되면서 미식 저널리즘도 방대해졌으며 그것이 오늘날에 이르게 되었다. 맛의 '민주화'는 맛의 정보에 의해 유지된 것이다.

이러한 미식 저널리즘은 브리야 사바랭이 활약한 19세기 초, 프랑스에서 시작하였다. 1802년 프랑스의 저널리스트 그리모 드 라 레니에르(1758~1837)는 280페이지 분량의 《미식가 연감Almanach des Gourmands》이라는 레스토랑 안내 책자를 발간하였다. 이 책은 엄청난 호평을 받으며 5년에 걸쳐 발간되었는데, 도중에 몇 번이나 품절되어 중판되었다고 한다. 그는 레스토랑 정보를 제공했을 뿐만 아니라 등급의 산정도 시도하였다. '미식 심사 위원회'를 조직하여 레스토랑의 요리를 판정하고, 그 결과를 《미식가 연감》에 게재한

그리모 드 라 레니에르(1758~1837)의 《미식가 연감Almanach des Gourmands》 첫
페이지

것이다. 판정의 결과를 둘러싼 문제가 끊이지 않아 레스토랑의 등급
산정은 곧 중단되었지만, 다수의 레스토랑이 맛을 경쟁하는 사회에
객관적 기준에서의 맛의 소개와 등급이 불가결해졌다는 사실이 명
백해졌다. 하지만 맛은 주관성이 강하기 때문에 등급을 산정한다는
것은 쉽지 않은 일이었다.

찬양받은 미쉐린 가이드

세계에서 가장 오래된 영국의 여행사, 토마스 쿡이 저가의 단체 여행을 기업화하면서 관광이 서민화되자 넓은 지역의 호텔과 레스토랑의 등급 정보가 필요하게 되었다. 여행지에서 맛있는 요리를 먹기 위해 신뢰할 수 있는 정보가 필요해진 것이다. 시행착오를 통해 맛을 찾기에는 너무 많은 시간이 걸리고, 우연에 모든 것을 맡기기에는 너무 무모했다. 그래서 사람들은 사회적으로 신뢰할 수 있는 정보의 제공을 요구하게 되었다. 이렇게 맛의 안내서로서 세계적으로 높은 평가를 얻은 것이, '레드 가이드'라고도 부르는《미쉐린 가이드》다.

1900년 파리 엑스포 당시, 타이어 회사인 미쉐린은 드라이브 여행을 즐기는 고객들에게 서비스의 목적으로 호텔과 레스토랑의 정보를 수집한《미쉐린 가이드》3만 5,000부를 인쇄해 무료로 배포했다. 처음에는 호텔과 레스토랑의 목록에 불과했지만 곧 시설, 서비스, 요리의 질 등에 대한 등급을 추가하였다. 레스토랑의 등급을 별로 나타내는 방식은 1930년대에 시작했는데, 이러한 방식이 큰 권위를 획득하여 오늘날까지 이어지고 있다.

미쉐린 별은 3단계로 나타낸다. 별 하나는 그 분야에서 특히 맛있는 요리를 제공하는 레스토랑, 별 두 개는 요리가 매우 맛있고 방문할 가치가 있는 레스토랑, 별 세 개는 훌륭한 요리를 맛볼 수 있고 그 경험 자체가 여행의 목적이 될 수 있는 레스토랑을 의미한다.

2008년 아시아에서 처음으로 《미쉐린 가이드 도쿄》가 발행되었는데, 익명 조사의 결과, 도쿄에서 별 세 개를 획득한 레스토랑의 수는 파리에 이은 8곳이었으며, 별 한 개를 받은 레스토랑은 세계에서 가장 많은 수를 기록하였다. 조사에 참여한 책임자는 도쿄를 '세계 최고의 미식 거리'라고도 말했다고 전한다. 감칠맛 제조의 전통과 감각으로 일본 요리는 그 잠재적 능력을 계속 현재화하고 있다.

02

일본에서 처음 발견한 감칠맛

다가온 감칠맛의 시대

프랑스 요리의 가스트로노미로 대표할 수 있듯이 19~20세기의 맛의 세계는 식자재 본연의 맛을 끌어내고 재료의 조화를 통한 미묘한 맛의 변화를 음미하는 방향으로 변화하였다. 하지만 장醬을 조미료로 사용하는 일본 요리와 중화요리, 그리고 생선장을 조미료로 하는 동남아시아의 여러 요리에서는 예로부터 감칠맛을 맛의 본질이라고 여겼다. 이를 나타내는 표현으로 일본에는 '우마이(うまい)', 중국에는 '시안웨이鮮味'라는 단어가 있다.

그러나 만능 조미료가 존재하지 않는 유럽에서는 다양한 향신료를 조합하여 맛을 만든다는 전통적인 발상을 바탕으로, '맛있는 맛'

은 짠맛, 단맛 등이 혼합되어 만들어진다고 생각하였다. 요리를 만드는 현장에서는 소스의 감칠맛을 위해 송아지의 뼈나 힘줄을 푹 고아 만든 육수인 '퐁fond'과 포타주나 수프에 감칠맛을 더하기 위해 소나 닭, 생선 등과 채소를 푹 우려낸 '부이용bouillon'이라는 국물을 사용하였으나, 감칠맛이라는 특별한 맛의 존재를 생각하지는 못했다. 하지만 헤닝이 정의한 짠맛, 단맛, 신맛, 쓴맛을 섞어 '감칠맛'을 설명하기는 쉽지 않았다.

헤닝의 4원미 이후, 짠맛은 나트륨, 단맛은 에너지원이 되는 당류를 식별하고 신맛과 쓴맛은 신체에 해로운 식자재를 판별하는 센서라고 여겼다. 하지만 인류는 생명 유지에 빼놓을 수 없는 단백질을 식별하는 센서가 없는지 궁금해졌다. 뒤에서도 이야기하겠지만 감칠맛은 단백질과 핵산을 풍부하게 가진 세포의 원형질에 함유되어 있는데, 20세기에 그를 탐지하는 미각이 '감칠맛'이라는 사실이 밝혀졌다.

오늘날에는 다양한 감칠맛 성분이 밝혀졌으며, 대표적인 감칠맛 성분으로는 아미노산의 한 종류인 글루탐산, 동물에 함유된 핵산의 한 종류인 이노신산이 있다. 아미노산계의 감칠맛 성분과 핵산계의 감칠맛 성분이 어우러지면 시너지효과로 감칠맛이 더욱 깊어진다는 사실도 밝혀졌다. 요즘에는 헤닝의 4원미에 감칠맛을 더해 5원미로 생각하게 되었다.

'마시는 황금'의 추구

미묘하고 섬세한 맛이 요구되는 시대가 되자, 각 식자재의 맛을 조화하고 끌어내는 조리법이 연구되고, 프랑스 요리에서는 식자재의 맛을 돋보이게 하는 소스를 중요하게 생각하게 되었다. '소스'의 어원은 짠맛을 의미하는 라틴어인데, 소스는 요리에 풍미와 장식을 더하는 중요한 존재가 되었다.

18세기 후반, 프랑스 요리사 므농은 식자재 표면의 불순물을 제거하고, 식자재 내부에 감춰진 생명의 정화(에스프리, esprit)와 본질(에센스, essence)을 끌어내는 기술이 요리에 필요하다고 말했다. 이러한 환경에서 완벽하게 바짝 졸여 합리적이고 정확한 형태로 조합시킨, 순수하고 섬세하게 만들어지는 더할 나위 없는 맛의 소스를 특히 중요하게 생각하였다. 소스는 '마시는 황금', '황금 액체' 등으로 불리며 미식의 시대의 맛을 돋보이게 하는 역할을 했다. 식자재 본연의 맛을 바꾸는 것은 미식이 아니다. 맛을 풍성하게 만드는 소스의 묘하고 복합적인 맛을 전문 요리사의 숙련된 솜씨라고 여겼다.

전문 요리사는 훌륭한 소스를 고안하고 개발해야 스스로를 빛내고 세상의 인정을 받을 수 있다고 생각했다. 소스를 중요하게 생각하는 프랑스 요리가 앞장서면서 유럽의 맛의 세계는 크게 바뀌게 되었다. 감칠맛의 존재에 대해 이론적으로 해명하지는 않았지만, 퐁(육수)이 감칠맛을 끌어내는 소스의 기초로서 지위를 확립하였다.

19세기 프랑스 요리의 기초를 확립한 요리사 마리 앙투안 카렘(1784~1833)은 계란 노른자와 소량의 레몬즙이 베이스가 되는 '알망드 소스', 밀가루와 우유가 베이스인 '베샤멜 소스', 구운 뼈를 포함한 부이용이 베이스가 되는 '에스파놀 소스', 닭, 생선, 송아지 고기 등 구운 뼈를 포함하지 않

마리 앙투안 카렘(1784~1833)

는 부이용이 베이스인 '벨루테 소스'를 기본 소스라고 하였다.

하지만 일류 요리사가 만든 소스는 예술품이라고 말할 수 있을 정도로 식자재 본질의 복잡한 조합으로 만들어졌다. 예를 들어 소금물에 데친 넙치, 대구, 설광어와 석쇠 구이에 어울리는 샴페인 소스는 마리 앙투안 카렘이 고안하였는데, 이는 다음과 같이 매우 복잡한 과정으로 만들어진다.

"중간 정도 크기의 설광어 두 마리를 얇게 다지고, 샴페인 반병, 버섯 두 바구니, 양파와 당근 각각 두 개를 얇게 썬다. 에샬롯 두 개, 마늘 한 쪽, 부케 가르니, 거칠게 다진 후추 조금과 약간의 육두구 씨앗 껍질을 함께 스튜용 냄비에 넣고 약한 불로 30~40분 끓인다. 그 다음 나무 국자 등으로 세게 누르고, 천을 사용하여 진액을 걸러낸

다. 여기에 알망드 소스 두 큰 술, 반듯하게 자른 버섯 네 바구니와 육수를 추가하여 마찬가지로 바짝 졸인다. 여기에 샴페인 한 컵을 넣고 소스가 적당히 졸여지면 중탕냄비에 붓는다."(장 프랑수아 르벨의《뛰어난 맛과 요리솜씨의 역사》)

감칠맛의 발견을 준비한 전골 요리

중화요리나 일본 요리는 식자재의 조합과 조화를 중시하는 발상에 기초하고 있으며, 유럽의 맛의 형상과는 다른 발상이었다. 맛의 세계의 기본 동향이 감칠맛의 추구로 변화하면서 중화요리와 일본 요리의 맛을 내는 기술과 발상이 맛의 세계사의 선두에 서게 되었다.

오랫동안 축적된 요리 가운데, 중국과 일본에서는 '감칠맛의 시너지효과'를 체험적으로 깨닫고 식물성인 아미노산과 동물성인 핵산을 섞어 감칠맛을 만들어냈다. 프랑스에서 예술이라고도 말할 수 있는 소스를 통해 감칠맛을 추구했다면, 일본에서는 비교적 간단하게 섬세한 감칠맛을 끌어냈다. 일본 요리의 전형적인 육수 제조 방법인 다시마 육수와 가다랑어 육수의 조합은 그러한 선진성을 나타내고 있다. 중화요리에서는 표고버섯과 닭 뼈 육수 분말을 주로 배합한다.

뒤에서도 언급하겠지만, 감칠맛 물질은 20세기 초반, 일본의 이케다 기쿠나에 박사가 발견했다. 일본어로 감칠맛을 의미하는 표현

'우마미(うま味)'도 이케다 박사가 정의했으며 영어로 'umami'라고 표기한다. 감칠맛의 발견은 맛의 세계사에서도 뛰어난 성과 중의 하나이다.

이케다 기쿠나에

일본 요리는 기름을 베이스로 하는 중화요리나 프랑스 요리와는 달리 독특하게 물을 베이스로 사용한다. 중화 냄비를 가열하여 많은 식자재를 한데 섞는 중화요리나, 버터와 요리용 돼지기름인 라드 등으로 고기를 굽고 소스를 더하는 프랑스 요리에 비해 물을 기본으로 하는 일본 요리는 기름을 더하지 않는다. 초밥처럼 식자재 본연의 맛을 즐기는 요리도 있지만, 무엇보다 일본 요리를 규정하는 요리는 전골 요리이다. 전골 요리는 국물이 중요한 열쇠가 되는데, 어묵이나 라멘도 육수를 중요하게 생각한다는 점에서 전골 요리의 계보를 잇는다고 할 수 있다.

제철 식재를 풍부하게 얻을 수 있고 쌀의 진하지 않은 단맛이 미각의 기본이 되며, 담백한 맛을 선호하고, 기름이 고가라는 등의 이유로 일본 요리는 전골 요리에 특화되었을 것이다. 다양한 식자재를 섞어 베이스가 되는 육수 제조의 과정이 반복되면서, '감칠맛'을 위해서는 무엇이 유용한지 경험적으로 깨달은 것이다.

유럽 요리는 우여곡절 끝에 식자재가 지닌 감칠맛과 소스에 다다르지만, 일본에서는 '화합을 가장 중요하게 생각한다'라는 발상으로 이질적인 식자재를 조화시키며 '감칠맛'의 합성을 끊임없이 시도했다. 민주주의라는 것은 남성과 여성, 노인과 청년, 장애인과 비장애인, 다른 종교 등을 공존시키는 시스템이다. 간단히 말해 이질성의 공존이라고 할 수 있다. 전골 요리는 맛의 민주주의를 체현하고 있다고 말할 수 있다.

이러한 가운데 감칠맛을 내는 식자재로 다시마, 말린 멸치, 가다랑어, 말린 표고버섯 등 훌륭한 재료들을 경험적으로 알게 되었다. 친화력이 있는 감칠맛은 짠맛, 단맛, 신맛, 쓴맛 등 어떤 맛과도 어울릴 수 있다. 인공적으로 맛을 만드는 것이 아니라, 식자재들의 자체적인 조합으로 만들어지는 맛을 중시하는 일본 요리의 발상이 19~20세기, 식자재의 감칠맛을 중요하게 생각한 '맛의 세계'를 주도하게 되었다.

일본에서 뻗어나간 감칠맛

감칠맛의 기본은 단백질을 구성하는 아미노산과 핵산이다. 짠맛에 식염, 단맛에 설탕이 있듯 19세기 말부터 20세기 초반에는 감칠맛 물질의 추출에 성공하여 인공적으로 합성할 수 있게 되었다. 맛의 세계사에서 감칠맛 조미료의 출현은 매우 획기적인 사건이었다. 다시마, 가다랑어, 표고버섯을 함께 넣고 푹 끓여 만드는 감칠맛은 확실히 바람직했지만, 수요가 증가하면 대응하기 어려웠다. 그래서 미생물을 사용해 발효에 가까운 형태로 감칠맛을 생산하는 것이 맛의 근현대사의 큰 과제가 되었다.

1847년, 독일의 화학자 리비히가 고기의 추출액에서 이노신산을 발견하고, 이것이 고기의 감칠맛을 낸다고 주장하였다. 감칠맛의 발견이다. 1908년, 일본인이 세계에서 최초로 감칠맛 물질을 추출하는 쉽지 않은 작업을 시행했다. 당시 도쿄 제국대학 교수였던 이케다 기쿠나에 박사는 일본 전골 요리의 맛의 주역인 다시마 육수의 맛이 감칠맛 물질에 의해 만들어진다고 생각하고, 감칠맛 물질인 글루탐산 나트륨의 결정을 분리하는 것에 성공하였다. 생각해 보면 이케다 박사의 업적은 일본 식문화를 대표하는 전골 요리의 감칠맛에서 아이디어를 얻은 것이며, 맛의 역사를 배경으로 하는 것이었다.

글루탐산의 존재는 이미 잘 알려져 있었지만, 이케다 박사의 공적은 알칼리로 중화하여 글루탐산 나트륨을 추출한 것이다. 그는 이 맛을 '우마미(감칠맛)'이라고 명명하였다. 영어로 '맛있다'를 의미하는 'delicious(딜리셔스)'는 어원이 '완전히 사로잡다'인데, 이는 감칠맛과는 다른 뉘앙스를 가진다. 그래서 감칠맛은 영어로도 'UMAMI(우마미)'라고 표현하게 되었다. 일본어로 맛이 좋다는 의미

의 '우마이'는 높은 기술력을 의미하는 '巧い(우마이)'로도 이어지는데, 이는 만드는 사람의 입장을 중요하게 생각하고 있는 것이다.

글루탐산의 발견과 합성으로 감칠맛은 단백질의 맛이라는 사실을 인정받았으며, 오늘날에는 헤닝의 4원미에 감칠맛을 더해 맛에 5원미가 있다는 견해가 일반화되었다. 미각은 소금과 당분을 판별하는 센서일 뿐, 단백질을 느끼는 기능은 없다는 주장은 분명 옳지 않다.

1909년 5월 20일, 스즈키 사부로스케라는 사람이 이케다 박사의 연구를 기업화하고, 밀가루 단백질의 글루텐을 가수분해하여 감칠맛 물질과 글루탐산 나트륨을 제조하면서 세상에 감칠맛 조미료인 '미림味醂'이 등장하게 되었다. 이는 오늘날 일본 식품 제조 기업 '아지노모토'의 전신이다. 한때 일본 경제를 지탱하고 세계적 명성을 얻은 기업을 세운 스즈키 회장의 공적을 칭찬하는 의미에서 가와사키시에는 아직도 스즈키 마을이라는 지명이 남아있다. 오늘날에는 도요타나 소니 등의 기업이 일본을 대표하지만, 과거에는 아지노모토가 일본 기업의 대표선수였다. 오늘날 '아지노모토' 등의 감칠맛 조미료는 세계 100개 이상의 국가에서 사용하고 있다.

참고로 오늘날에는 당분을 추출한 후의 사탕수수를 이용하여 미생물의 발효 작용에 의한 글루탐산을 생성시키고 그것을 수산화나트륨으로 중화시켜 결정화한 후, 가다랑어의 감칠맛 성분인 이노신산나트륨, 표고버섯의 감칠맛 성분인 구아닐산나트륨 등을 추가하여 제품화하고 있다. 화학조미료에서 발효를 통한 조미료로 바뀌는 것이다.

감칠맛은 꽤 복잡한 요소로 이루어진다. 1929년, 미국의 화학자 빙햄은 음식의 탄성(변형)과 점성(유동), 두 가지 측면에서 과학적으로 분석하는 '리올로지rheology'라는 방법을 제창하였다. 감칠맛에 대해 다른 측면으로 접근한 것이다. 이를 바탕으로 한 식품의 리올로지적 특징, 인간의 생리적, 심리적 요인을 종합적으로 분석하는 심리리올로지psychorheology의 연구가 이루어지고, 맛 문화의 중심을 차지하는 감칠맛에 대해 과학적으로 해명하기 위해 노력하고 있다.

03

도시의 시대와 변하는 입맛

맛의 세계의 인공화

18세기 후반에 일어난 영국의 산업혁명과 프랑스의 프랑스 혁명은 비슷한 시기에 유럽에서 나란히 일어난 변혁이기에 '이중 혁명'이라 부른다. 이중 혁명은 경제적, 정치적, 사회적으로 인류 사회를 격변시키는 변동을 일으켰다. 당연히 맛의 세계도 크게 변화하였으며 먹거리의 상품화 및 공업 제품화가 진행되고 국민 요리나 세계 요리가 탄생하는 등 미각의 평준화가 진행되었다.

1830년대 이후에는 철도, 1860년대 이후에는 증기선이 보급되면서 인류의 활동 공간이 빠른 속도로 넓어지고 식품의 고속 및 원거리 수송이 가능해졌으며, 맛의 세계 또한 급격하게 확대되었다.

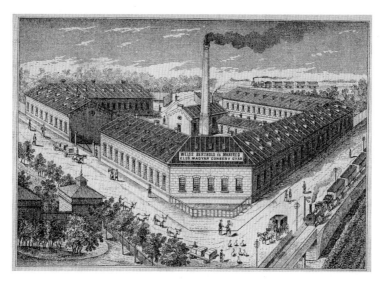

부다페스트에 있는 최초의 대형 통조림 공장 중 하나

교통수단이 혁명적으로 변화하였을 뿐만 아니라, 도시와 결부되어 식량을 공급하는 공간이 세계적으로 확장되었다. 넓은 장소에서 다양한 식량이 모이는 가운데, 냉동 수송, 저온 살균, 통조림 등 식품 보존 기술이 개발되고, 시간적으로도 식품 보존의 범위가 대폭 확대되었다. '먹거리'와 '맛'의 세계가 급격하게 팽창하게 된 것이다.

이러한 움직임을 간단히 다음과 같이 정리할 수 있다.

(1) 식품까지 포함하여 도시에서 생산되는 공업 제품으로서의 식품과 조미료가 사람들의 식생활 중심에 자리 잡고 맛의 세계에도 인공적인 맛을 내는 가공식품이 진출한다. 맛을 균일

하게 보존하기 위한 식품 첨가물과 이익을 위한 다양한 첨가물이 추가되지만, 사람의 혀는 그것을 식별하지 못하여 미각의 혼란이 진행된다. 소비의 확대에 대응하는 맛의 합성이 이루어지고 자연의 맛과 만들어진 맛이 혼재하는 시대로 진입한다.

(2) 도시가 점차 팽창해가는 가운데, 식품 가공 회사의 다양화 및 대규모화가 진행되고, 맛의 획일화와 규격화가 진행된다.

(3) 다수의 레스토랑이 등장하고 레스토랑의 등급 정보가 퍼지게 되어 일부 계층이 미식화되는 반면, 대중사회의 출현에 대응한 패스트푸드와 인스턴트식품의 증가로 '맛'의 대중화가 진행된다. 전체적으로 맛은 평준화되었지만, 동시에 맛의 선택지가 증가하고 맛의 격차도 심화된다.

(4) '국민국가'라는 새로운 시스템이 사회의 기본 단위로 유럽에 확산되고, 철도망의 건설이 진행되면서 지방 요리의 통합이 이루어지며, 나아가 외국의 식자재와 요리를 수용하면서 새로운 '국민 요리'가 탄생하고 보급된다.

(5) 철도와 증기선의 네트워크가 지구 규모로 구축되어 세계적으로 여러 식자재의 교역과 생산이 증가하고 맛의 거대한 교류가 이루어지며, 세계 요리가 출현한다.

(6) 뛰어난 무기의 개발을 바탕으로 유럽 세력의 아시아 및 아프리카 진출이 본격화되고 카레 요리의 영국화와 일본의 '스키야키'의 도입에서 볼 수 있듯 세계적으로 맛의 교류가 진행된다.

(7) 유럽인의 이주가 전 세계로 확산되고 유럽의 맛이 세계화
된다.

19세기의 도시화와 공업화는 식품의 제조, 유통, 소비의 구조를
크게 변화시키고 근대적인 맛의 체계를 탄생시켰다. 식품 산업에 의
해 맛이 평준화되는 한편, 많은 선택지의 도시 생활에 대응하는 다
양한 맛이 만들어지고 맛의 개성화가 진행된다. 맛의 세계의 양극화
이다.

19세기 후반에는 유럽에서 세계 각지로 대규모 이민이 행해지는
시대도 있었다. 유럽이 엄청나게 팽창하는 시대이자 세계적인 맛의
혼합이 진행된 시대라고 간주된다. 또한 북아메리카에 넓게 펼쳐진
프레리 지역이나 남아메리카 최대의 곡창 지대로 알려진 팜파스 대
초원에서 생산되는 저렴한 식육 등이 증기선과 냉동선을 통해 유럽
에 대량으로 공급되면서, 유럽의 민중은 세계의 맛을 받아들이고 맛
의 세계를 팽창시켰다.

식품 보존과 맛의 딜레마

엄청나게 많은 사람이 도시에서 생활하게 되자, 공업 기술을 구
사하여 저렴한 가공식품을 만들고, 대규모로 유통하는 시스템이 정

착되었다. 미생물학과 유기화학, 영양학 등을 동원하여 결코 맛있다고는 말할 수 없을 만한 가공식품이 끊임없이 탄생하고 있다.

가공식품은 무엇보다 저렴한 가격, 장기 보존, 맛의 지속과 균일성이 요구되기 때문에 인공 감미료, 인공적인 향과 색 등 인공적인 첨가물이 추가되었다.

'무엇의 닮은꼴'이라고 부를 수 있는 적절한 가공식품이 증가하고, 자연의 맛, 식감, 향의 모방, 그리고 맛의 속임수가 확대되었다. 맛을 공장에서 대량으로 생산하는 시대로 진입한 것이다. 물론 공장에서 자연의 맛을 만들 수 있을 리가 없기 때문에 비슷한 맛과 식감, 향을 만들기 위한 혼합물과 첨가물의 투입이 큰 문제가 되었다.

19세기 중반, 영국에서는 이러한 현상이 심각화되었다. 앞에서도 언급하였듯 1840년대에는 한 번 사용한 홍차를 착색하여 새로운 차와 섞어 판매하기 위해 이미 사용한 찻잎이 연간 8만 톤이나 회수되었다고 한다.

미각은 신체에 유익한 음식과 해로운 음식을 식별하기 위한 센서였던 적도 있지만 꽤 대략적이고 둔감하며 교묘히 더해지는 첨가물과 화학 물질을 감지하지 못했다. 미각을 속이는 것은 그리 어렵지 않은 것이다.

심지어 가공식품에 익숙해져 버려 자연의 맛을 느끼지 못하게 되는 현상을 많이 발견할 수 있다. 텔레비전 화면에 시각이 익숙해져 버리고, 향수와 화장품의 향기에 후각이 익숙해지며, CD나 음악에

청각이 익숙해지는 것과 비슷하다.

유럽의 바깥 세계인 미국, 아시아, 아프리카, 오세아니아에서 건너오는 방대한 양의 식자재, 도시에서 생산되는 가공식품에 의해 주기적으로 유럽을 위협하던 기근도 모습을 감추게 되었다. 그러나 혀를 속이는 유사한 맛의 양산은 미각을 둔감하게 만들고 먹거리의 형식화를 추진하는 것이다.

세계화와 가스트로아노미

유통혁명과 고통받는 혀

1920년대에 미국에서 성장한 대량 생산과 대량 소비의 대중 소비 사회는 20세기 후반에 전 세계로 확산되면서 식생활과 맛의 세계를 크게 바꾸어 놓았다. 그 가운데 가장 큰 변화는 제2차 세계대전 후에 빠르게 발전한 냉동 기술로 모든 신선식품을 일 년 이상 보존할 수 있게 되었다는 점이다. 생산지에서 냉동시킨 신선식품을 그대로 수송, 보관, 가공을 반복하고 마지막으로 지구상에 존재하는 수억대의 냉장고에 채워지는 시스템이 세계적으로 이루어지고 있는 것이다. 이러한 시스템을 콜드 체인이라고 부른다.

콜드 체인의 지구화에 의해 일 년 내내 세계의 식자재를 먹을 수 있게 되면서 '포식의 시대'가 찾아왔다. 콜드 체인은 지구 규모의 '먹거리 고속도로'가 된 것이다. 이러한 시스템은 세계의 먹거리 격차를 증대시키고 포식과 기근의 공존이라는 새로운 과제를 인류에게 부과하였다.

텔레비전의 보급과 정보 기술의 폭발적인 발전은 세계적인 식문화의 정보 교환을 가능하게 하고, 경제의 세계화를 뒷받침하였다. 맛의 세계에서도 정보가 폭발적으로 증가하고 혀가 고통받는 시대가 찾아왔다. 정보 혁명으로 정보의 전달 규모가 확대되고 맛의 세계화가 진행되면서 마케팅을 교묘하게 활용한 '그럴싸한 맛'의 세계화도 진행되고 있다.

식품 가공 기술도 다면적으로 발전하고 라면으로 대표되는 인스턴트식품, 레토르트식품, 통조림, 포장된 신선 식자재, 완조리 식품, 만두, 스낵 등이 슈퍼마켓과 편의점에 진출하였다. 먹거리와 기호는 다양해지고 세상은 지극히 편리해졌지만, 다른 한편으로 식품의 제조 과정에서 산화와 식품의 변색 방지를 위한 첨가물이나 색, 맛, 향, 식감 등을 개선하기 위한 기호성 첨가물이 추가되었다.

오늘날 가공식품에는 맛 조미료인 아스파라긴산나트륨, 글루탐산 나트륨, 단맛을 내기 위한 사카린나트륨, 스테비아, 신맛을 조정하는 구연산, 착색제인 캐러멜 등이 첨가되어 있으며, 일본에서 법률로 안정성을 확인받은 첨가물은 1,500가지 이상의 품목에 이른다 (2019년 기준).

세상이 크게 바뀐 70년대

1960년대 이후 가정용 냉장고의 보급, 냉동식품 공장, 냉장선과 냉장차, 냉장창고, 판매점의 업무용 냉장고 또는 냉장 진열 케이스의 정비로 이어지는 콜드 체인이 미국을 중심으로 형성되었다. 생산 현장에서 소비 현장까지의 유통 경로를 저온으로 관리하는 시스템이다. 냉동 및 냉장 식품이 범람하고 차갑게 보존하는 식자재가 많은 부분을 차지하게 되었다. 식자재의 질과 맛이 변해버린 것이다.

1960년대 중반, 일본에서도 시스템에 대한 대처를 시작하였으며, 가정용 냉장고가 보급된 1970년대에 콜드 체인 체제를 빠르게 갖추었다. 영하 18도 이하의 온도로 관리하는, 눈에 보이지 않는 네트워크 안을 많은 냉동 및 냉장 식품이 흐르고, 그 종착점이라고도 말할 수 있는 슈퍼마켓, 편의점, 그리고 각 가정의 냉장고에 대량으로 흘러 들어가는 시대가 시작되었다.

선도의 유지와 착색을 위해 첨가물을 추가하게 되었으며, 식자재의 생산과 제조, 유통 과정을 확인하기 어려워졌다. 유전자 변형 식품도 등장하고 대량 생산과 대량 소비의 체제가 식탁을 휩쓸고, 보이는 모습으로 식재를 선택하는 시대로 진입하였다. 미각의 변화, 혹은 퇴화이다.

가스트로아노미의 시대와 미각의 모순

슈퍼마켓 등에 의해 유통의 능률화가 진행되고 콜드 체인을 이용하는 간편한 식사가 급속도로 이루어지는 가운데 세계적으로 먹거리의 격차는 더욱 확대되었다. 기근으로 고통받는 인구가 증가하지만 유럽과 미국, 일본 등 풍족한 사회는 미식의 시대로 진입하였으며, 다른 한편으로는 생활에서 먹거리가 차지하는 비율이 급격하게 하락하는 먹거리의 간략화가 진행되고 다양한 식자재를 균형 있게 섭취하는 경우가 줄어들었다. 즉 간단하게 식사를 끝마치는 경우가 많아졌다는 이야기다.

백화점 지하에서 판매하는 조리가 완료된 식품, 편의점 도시락, 냉동식품, 인스턴트식품의 식탁 진출은 미각의 후퇴로 이어졌다. 과거에는 가족이 다 함께 요리하고 식사하면서 즐기는 단란함을 중요하게 생각하여 생활의 중심에 식사와 음식이 있었지만, 개인주의의 대두, 일상의 식습관 변화 등으로 이제는 생활의 한쪽 구석으로 계속 밀려나고 있다. 미각이 맡은 일상적인 역할은 크게 후퇴하지만, 다른 한편으로는 맛집이 유행하며 미각이 확대되는 모순된 상황이 탄생하였다. 미각의 모순이다.

또한 생활 속에서 단맛과 결부한 간식의 비중이 압도적으로 증가하였다. 일정한 시간을 두고 실시되는 아침, 점심, 저녁 식사는 간단하게 끝나는 반면, 틈틈이 먹는 과자, 스낵, 청량음료는 종류도 다양해지고 빈번하게 섭취하게 되었다. 기호품은 소비자의 기호에 맞추고 맛을 균일하게 유지하기 위해 설탕이나 아스파탐, 아세설팜, 수크랄로스, 자일리톨, 소르비톨 등의 인공 감미료를 사용한다. 17세기 이후, 욕망을 해방하는 달콤함의 세계가 오늘날 간식이라는 형태로 계속 확산되고 있는 것이다.

콜드 체인에 의해 세계적인 식자재의 편재偏在가 단숨에 진행되었다. 먹거리의 격차가 전 세계로 확대되고 있는 것이다. 지구 전체에 식자재를 간단하게 조달할 수 있는 시스템이 보급되고 농업, 목축, 수산의 대규모화 및 효율화는 식량의 과잉 공급이라는, 지금까지 인류가 체험해보지 못한 상황을 마주하게 했다. 미국과 유럽, 일본 사회는 굶주림에 의한 고통은 줄어들었지만 당분의 과다 섭취로 인해 비만이 새로운 고민으로 떠올랐다. 미각이 억제되고 다이어트가 관심의 대상이 되는 모순된 사회가 된 것이다.

먹거리를 둘러싼 냉혹한 환경의 변화는 미각의 혼란을 야기했다. 세계화가 진행되는 가운데 인류는 알고 있던 맛의 세계에서 정체를 알 수 없는 맛의 세계로 추방되었다. 붕괴하는 맛의 체계 속에서 맛의 무질서화(가스트로아노미)가 진행되고 있는 것이다. 아노미anomie 란 사회학에서 자주 사용하는 개념으로, 무질서 상태를 가리킨다. 다시 말해 가스트로아노미란 인간의 본능적인 미각과 역사적으로 축적된 맛의 질서가 혼란을 초래하는 상황을 의미한다. 세계화는 사회와 생활의 모든 측면에서 가치관의 혼란과 규범의 동요를 초래하고 있지만, 미각도 예외는 아니었던 것이다.

본래 미각은 생명을 유지하는 센서이며, 먹거리는 인간의 문화적 행동이자 소비 활동의 토대이다. 하지만 오늘날 인간의 혀로는 감지할 수 없는 첨가물이 자신도 모르는 사이에 더해지고 미각을 현혹하는 맛과 향이 화학적으로 합성되는 시대이다.

맛은 생리적, 정신적인 것에서 문명적인 것으로 변화하였으며, 대량 생산되는 식품에 의해 미각이 둔감해지는 한편, 미식을 지향하는 성향이 강해지는 등 끊임없이 양극화되고 있다. 인간의 혀는 아노미 상태에 빠졌다고 할 수 있는 것이다.

맛 문화에 대한 재인식이 필요한 이유

인류가 자연 속에서 음식을 선별하기 위한 센서였던 미각은 세계사의 흐름 속에서 매운맛과 향이 주술력을 가졌던 향신료 시대, 욕망의 맛인 설탕이 해방되었던 시대, 근대 이후의 감칠맛의 시대 등 '문화적인 맛의 시대'를 거쳐 오늘날 혼란스러운 상태인 가스트로아노미 시대에 진입하였다. 미각이라는 센서를 재편하고 식문화를 잘 정돈해야 하는 시대로 들어온 것이다. 다만 미식을 추구하고 식자재 사이를 헤매며 식재를 낭비하는 것이 아니라, 역사적으로 계속 축적해 온 맛을 소중히 여기고, 지적이면서도 문화적인 맛의 세계를 재구축해야 할 필요가 있는 것일지도 모른다.

다행히 풍부한 사계절의 식자재로 둘러싸여 그를 바탕으로 하는 일본은 자연의 맛을 중시하고 자연이 주는 감칠맛을 끌어내는 데 뛰어났다. 남북으로 길고, 바다와 산이 제공하는 다채로운 식자재를 돋보이게 하는 일본 고유의 맛 문화를 재평가해야 할 것이다. 초밥과 인스턴트 라면이 세계화된 이유를 검토해야 할 필요가 있다.

최근 일본을 관광 대국으로 만들려는 움직임이 있는데, 이때 일본의 빛나는 '먹거리'가 큰 무기가 될 것이다. 미쉐린 가이드가 도쿄를 미식의 마을로 높게 평가한 것은 일본의 맛에 대한 발상을 평가한 것이라고 생각한다. 일본에서는 일본인의 입맛에 맞게 프랑스 요리, 이탈리아 요리, 중화요리 등을 일본화하고 있다. 이러한 의미에서 세계사 속 일본의 맛의 선진성이 재인식될 필요가 있는 것이다. 최근 교육 분야에서 식생활 교육, 식사 예절 교육을 의미하는 '식육食育'이 떠오르고 있는데, 식문화를 통해 나라의 고유한 문화를 배운다면 애국심 함양 등 미래에 더욱 큰 공헌을 할 수 있을지도 모른다.

가스트로아노미를 극복하기 위하여 '식육'을 강조하는 오늘날의 모습은 세계사의 엄청난 과도기의 혼란을 이야기하고 있는 것은 아닐까.

처음 읽는
맛의
세계사

초판 1쇄 발행 2022년 5월 23일
초판 2쇄 발행 2022년 8월 8일

지은이 미야자키 마사카츠
역자 오정화
펴낸이 이효원
편집인 강산하
디자인 김성엽(표지), 기린(본문)
펴낸곳 탐나는책
출판등록 2015년 10월 12일 제 2021-000142호
주소 경기도 고양시 덕양구 삼송로 222, 101동 305호(삼송동, 현대헤리엇)
전화 070-8279-7311 **팩스** 02-6008-0834
전자우편 tcbook@naver.com

ISBN 979-11-89550-68-4 (03900)